La imitación es limitación

JOHN
MASON

La imitación
es
limitación

CARIBE-BETANIA
Una División de Thomas Nelson Publishers
The Spanish Division of Thomas Nelson Publishers
Since 1798 — desde 1798
www.caribebetania.com

Caribe-Betania Editores es un sello de Editorial Caribe, Inc.

© **2005 Editorial Caribe, Inc.**
Una subsidiaria de Thomas Nelson, Inc.
Nashville, TN, E.U.A.
www.caribebetania.com

Título en inglés: *Imitation is Limitation*
© 2004 por *John Mason*
Publicado por Bethany House Publishers,
una división de Baker Publishing Group,
Grand Rapids, Michigan, 49516.

ISBN 0-88113-427-9

Traducción: *Raquel Monsalve*

Diseño interior: *Grupo Nivel Uno, Inc.*

Impreso en E.U.A.
Printed in the U.S.A.

3ª Impresión

ÍNDICE

Introducción

CUANDO DIOS LO CREÓ A USTED, sonrió. Sí, eso es lo que nos dice la primera epístola del apóstol Pablo a los corintios. Entonces, ¿por qué tantas personas no aceptan la forma en que Dios las hizo? Y, entonces, algo que es todavía más increíble, ¿por qué tratan de cambiar su identidad?

Dios lo hizo a usted *a* propósito *para* un propósito. Él tiene un trabajo para usted que ninguna otra persona puede hacer tan bien como usted. De todos los billones de personas que solicitan un puesto, usted es el que tiene mejores calificaciones.

Se ha dicho que el mayor enemigo de lo excelente es lo bueno. El mayor enemigo que la mayoría de nosotros vamos a enfrentar somos nosotros mismos, la voz constante que nos dice: «Imítalo a él. Tú no vales nada. Haz lo que ella hace. Ve adonde va la gente». Porque cuando usted trata de ser como otra persona, la mejor posición a la que puede llegar es la segunda.

Es hora de que quite sus ojos de otras personas y los coloque en Dios. La gente lo va a hacer salir del camino, pero Dios siempre lo va a mantener en el buen camino. Para llegar a ser la persona que Dios quiere que usted sea, use lo que Él le ha dado. Siga su plan que es único: Resista la imitación y viva una vida que no tiene límites.

Si usted no es *usted, entonces,* ¿*Quién va a ser?*

UNA MUJER DE MEDIANA EDAD fue llevada a la sala de emergencia de un hospital porque le dio un ataque al corazón. En la mesa de operaciones, tuvo una experiencia cercana con la muerte y viendo a Dios, le preguntó si iba a morir. Él le dijo: «No, te quedan cuarenta y tres años, dos meses y ocho días de vida».

Cuando se recobró, decidió quedarse en el hospital y hacerse cirugía plástica en el rostro, en otras partes del cuerpo y liposucción. También hizo que viniera alguien y le cambiara el color del cabello, pensando que puesto que le quedaba tanto tiempo de vida, debía aprovecharlo al máximo.

Después del procedimiento final, la dieron de alta. Sin embargo, mientras cruzaba la calle frente al hospital, fue atropellada por una ambulancia y perdió la vida.

Cuando llegó a la presencia de Dios, ella le dijo echando humo: «Yo creí que tú dijiste que me quedaban más de cuarenta años de vida».

Él le respondió: «Es que no te reconocí».

Sea usted mismo. Piense en esto: ¿No está la mayor parte de la gente descontenta tratando de ser alguien que no es o tratando de hacer algo que no se supone que hagan? Un proverbio congolés afirma: «La madera puede estar diez años en el agua, pero nunca va a llegar a ser un cocodrilo». Jeremías pregunta: «¿Mudará el etíope su piel, y el leopardo sus manchas?» (13.23) Julius Hare aconsejó: «Sea lo que usted es. Este es el primer paso para llegar a ser mejor de lo que es».

> *La extraña paradoja es que cuando me acepto tal como soy, entonces puedo cambiar.*
>
> —CARL ROGERS

Fredreric Klopstock comentó: «El que no tiene una opinión propia, sino que depende de las opiniones de los demás, es un esclavo. Solamente soñar en la persona que se supone que usted sea es desperdiciar la persona que es». Nadie es tan desdichado y desilusionado como la persona que pasa su vida anhelando ser alguien diferente.

La persona que se amolda para agradar a todo el mundo muy pronto encontrará que se desgasta a sí misma. Si usted no tiene un plan para su vida, muy pronto va a llegar a ser parte del plan de alguien más. Nunca quiera ser nada sino usted mismo. Andre Gide observó: «Es mejor ser odiado por lo que es que amado por lo que no es».

> *Hasta que usted no haga paz con quien es, nunca va a estar contento con lo que tiene.*
>
> —DORIS MORTMAN

Hay solamente una vida para usted, la suya. La persona que camina por la senda de otra, nunca deja sus propias huellas. La mayor parte de nuestras dificultades en la vida provienen de no conocernos a nosotros mismos y de pasar por alto nuestras propias virtudes. John Stuart Mill observó: «Todas las cosas buenas son el fruto de la originalidad».

La mayor parte de la gente vive su vida entera como extraños a sí mismos. No deje que eso le suceda a usted. Leo Buscaglia advirtió:

Lo más fácil de ser en el mundo es ser usted mismo. Lo más difícil es ser lo que otra gente quiere que usted sea. No deje que lo empujen en esa dirección.

Lo opuesto al valor no es el temor sino la conformidad. Nada en la vida produce más extenuación y frustración que tratar de vivir como otra persona.

Considere las siguientes palabras de uno de los artistas más grandes de la historia:

Mi madre me dijo: «Si llegas a ser soldado, vas a llegar a ser general; si te haces monje, terminarás siendo papa». En cambio, me hice pintor y terminé siendo Picasso.

Nadie jamás llegó a ser grande imitando: La imitación es limitación. No sea una copia de algo. Haga su propia impresión. Atrévase a ser quien es.

LAS EXCUSAS MIENTEN

Yo erré más de nueve mil tiros al cesto en mi carrera. He perdido casi trescientos partidos. Veintiséis veces me confiaron el tiro de la victoria... y erré. He fallado una y otra vez en la vida. Y es por eso que triunfo.

—MICHAEL JORDAN
(SE AFIRMA QUE ES EL MEJOR
JUGADOR DE BALONCESTO DE
TODOS LOS TIEMPOS)

Cuando se trata de excusas, el mundo está lleno de inventores sorprendentes. No pase la mitad de su vida diciendo lo que va a hacer y la otra mitad explicando por qué no lo hizo. Una excusa es la supuesta prueba de que usted hizo lo que no hizo, para que otros crean que usted no hizo lo que hizo.

Los errores tienen poderes ocultos que nos ayudan, pero fracasan en su misión de ayudarnos cuando culpamos a otras personas por ellos. Cuando usted usa excusas, abandona su poder de cambiar y mejorar. Usted puede caer muchas veces, pero nunca será un fracasado hasta que diga que alguien lo empujó. Edmund Gosse dijo: «No se preocupe a quién alaba, pero tenga mucho cuidado a quién culpa».

Si encuentra una excusa, no la recoja. Los fracasados son expertos en dar excusas. Siempre van a haber suficientes excusas si usted es lo suficientemente débil como para usarlas. El mundo simplemente no tiene suficientes muletas como para todas las excusas débiles. Siempre es más fácil encontrar excusas que encontrar tiempo para hacer las cosas que no queremos hacer.

Busque una forma de hacer algo en lugar de buscar una excusa. No hay excusa para estar lleno de excusas. Cuando comete un error y luego busca una excusa para justificarlo, ha cometido dos errores. William Blake dijo: «El zorro le echa la culpa a la trampa y no a sí mismo». No hable como un viejo zorro.

Admitir los errores deja el puntaje cero a cero
Y prueba que usted es más sabio que antes.
—Arthur Guiterman

Siempre es más fácil hacer una tarea correctamente que tener que fabricar una excusa por no haberla hecho. Usted utiliza tiempo y energía creativa cuando piensa en excusas.

La excusa es el cimiento del cual se construye una casa de fracasos. Una excusa es peor y más inquietante que una mentira, porque una excusa es una mentira con otras mentiras adheridas a ella. Se ha dicho que una excusa es una falsedad que quiere cubrir una mentira.

La mayor parte de los fracasos vienen de las personas que tienen el hábito de dar excusas. Cuando usted es bueno dándolas es difícil que se destaque en otra cosa. El libro de Proverbios dice: «En toda labor hay fruto; mas las vanas palabras de los labios empobrecen» (14.23). Si quiere progresar, no dé excusas.

Hay muchas razones para el fracaso, pero no hay ni una excusa. Nunca deje que un desafío se convierta en una excusa. Usted tiene una elección: Puede dejar que un obstáculo se convierta en una excusa, o puede dejar que sea una oportunidad. Ninguna excusa va a apoyar nunca su propósito en la vida.

La persona que en realidad quiere hacer algo encuentra una forma de hacerlo; los otros encuentran una excusa. Si usted le pregunta a una persona que ha fracasado en la vida, le dirá que el éxito es un asunto de suerte. No crea en esa excusa.

No haga un caso contra sí mismo

U N NIÑO Y SU PADRE ESTÁN CAMINANDO en las montañas. De pronto, el niño se cae, se lastima y grita: «Aaaayyyyyy».

Se sorprende cuando escucha una voz, desde algún lugar en la montaña que repite: «Aaaayyyyyy».

Con curiosidad, él grita: «¿Quién eres?»

Recibe la respuesta: «¿Quién eres?»

Enojado con ella, le grita: «¡Cobarde!»

Recibe la respuesta: «¡Cobarde!»

El niño mira a su padre y le pregunta: «¿Qué está pasando?»

El padre sonríe y le dice: «Hijo mío, presta atención».

Y luego le grita a la montaña: «¡Te admiro!»

La voz le responde: «¡Te admiro!»

Y de nuevo el hombre grita: «¡Eres un campeón!»

Y la voz replica: «¡Eres un campeón!»

El niño está sorprendido pero no entiende.

Entonces el padre le explica: «La gente llama ECO a esto, pero en realidad es la VIDA. Te devuelve todo lo que dices o haces. Nuestra vida es simplemente un reflejo de nuestras acciones. La vida te va a devolver todo lo que tú le has dado a ella» (Anónimo).

Su vida no es una coincidencia. Es un reflejo de usted. Si quiere saber quién es la persona responsable de la mayoría de sus dificultades, mírese al espejo. Si pudiera darle puntapiés a la persona responsable por la mayoría de sus problemas, no se podría sentar por tres semanas. Es hora de que se quite de en medio de su propio camino.

> *Hay muy poco que pueda detener a un hombre que se ha conquistado a sí mismo.*
>
> —Luis XIV

Stewart Johnson comentó: «Nuestra misión en la vida no es adelantarnos a los demás, sino adelantarnos a nosotros mismos: batir nuestros propios récords, sobrepasar nuestro ayer con nuestro hoy, hacer nuestro trabajo con más fuerza que nunca».

Ralph Waldo Emerson dijo: «Es imposible que un hombre sea defraudado por otra persona que no sea él mismo». Frank Crane comentó: «Nuestros mejores amigos y nuestros peores enemigos son los pensamientos que tenemos sobre nosotros mismos». El libro de Proverbios afirma: «Porque cual es su [del hombre] pensamiento en su corazón, tal es él» (23.7). Norman Vincent Peale advirtió: «No construya obstáculos en su imaginación».

Deje de mirar solo a donde está y comience a mirar a lo que puede ser. Cuide por dónde divaga su imaginación, porque sus palabras y sus acciones la van a seguir.

Nadie puede derrotarlo a menos que usted se derrote a sí mismo primero. La imagen que usted tiene de sí coloca las fronteras y las limitaciones para cada uno de sus logros personales. Charles Caleb Colton dijo:

> *Seguro que seremos perdedores cuando peleemos contra nosotros mismos; es una guerra civil.*

Si usted duda de sí mismo, escuche las palabras de Alejandro Dumas: «Una persona que duda de sí misma es como un hombre que se enlista en las filas de su enemigo y porta armas contra sí mismo». Tim Redmond advierte: «No cometa actos de traición contra su propia vida y propósito».

Usted lleva consigo el mundo en el cual debe vivir. Sepa esto: Cuando usted tiene un gran sueño, su mente va a ser su peor enemigo. ¿Hay obstáculos enormes en su vida? James Allen respondió: «Usted es el impedimento que debe enfrentar. Usted es el que debe elegir su lugar». Recuerde que usted es su propio doctor cuando se trata de curar el miedo de hacer algo, cuando actúa en forma impetuosa y cuando su actitud es airada.

Frank Tyger dice: «Su futuro depende de muchas cosas, pero depende principalmente de usted». Puede tener éxito aunque nadie más crea en usted, pero nunca lo tendrá si no cree en sí mismo. Zig Ziglar observa: «Lo que usted vea en su mente, su mente va a trabajar para lograrlo. Cuando usted cambia lo que ve, automáticamente cambia su actuación». Lo que sea que diga en forma consecuente después de las palabras «Yo soy», es lo que va a llegar a ser.

EL ENTUSIASMO LO LLEVA ADONDE EL TALENTO SOLO NO PUEDE LLEVARLO

U STED NO PUEDE LOGRAR algo si su corazón es más pesado que la carga que lleva.

Actuamos como si la comodidad y el lujo fueran los requisitos principales de la vida, cuando todo lo que necesitamos para ser realmente felices es algo por lo cual podamos sentir entusiasmo.
—CHARLES KINGSLEY

Una de las mejores maneras de lograr esto es contar sus bendiciones; haga esto en lugar de pensar que sus bendiciones no cuentan.

Piense apasionadamente, hable apasionadamente, actúe apasionadamente y llegará a ser una persona que siente pasión por la vida. La vida va a tomar un nuevo fervor, con intereses más profundos y mayor significado. Usted puede hablarse a sí mismo, pensar y actuar para tener entusiasmo, o falta de interés y monotonía o desdicha. Por el mismo proceso puede llegar a la inspiración, la emoción y a un nivel profundo de gozo.
—NORMAN VINCENT PEALE

Usted puede tener éxito en casi todas las cosas por las que siente un entusiasmo sin límites. El mundo les pertenece a los entusiastas.

Su entusiasmo refleja sus reservas, sus recursos no explotados y tal vez sus logros futuros. Winston Churchill dijo: «El éxito es ir de fracaso en fracaso sin perder el entusiasmo». Usted nunca se elevará a grandes alturas si no tiene gozo y fervor.

Papyrus nos recordó lo siguiente: «Nadie mantiene su entusiasmo en forma automática». El entusiasmo debe ser nutrido con nuevas acciones, nuevas aspiraciones, nuevos esfuerzos y nueva visión. Es culpa suya si su entusiasmo desaparece: Usted no lo ha alimentado. ¿Qué es el entusiasmo? Henry Chester respondió: «Nada más o menos que la fe en acción». Helen Keller dijo:

El optimismo es la fe que lleva al logro.

Nada de lo que hacemos se logra sin esperanza o confianza.

No es nuestra *posición* sino nuestra *disposición* lo que nos hace felices. Algunas personas se congelan en el invierno, otras van a esquiar. Una actitud positiva siempre crea resultados positivos. La actitud es una cosa pequeña que hace una gran diferencia. La depresión, la melancolía, el pesimismo, la desesperación y el desánimo detienen a más gente que todas las enfermedades combinadas.

Si usted vive una vida de negativismo, se va a marear durante todo el viaje en barco. La persona negativa ha perdido la mitad de la batalla antes de comenzar. Estoy de acuerdo con Winston Churchill: «Yo soy optimista. No parece muy útil ser de otra forma». ¿Se ha dado cuenta de que no importa cuántas preocupaciones tiene un pesimista, siempre tiene lugar para una más? Recuerde lo que dice el proverbio chino: «Es mejor encender una vela que maldecir la oscuridad». Das Energi dijo: «Vote con su vida. ¡Vote sí!»

Hay una relación directa entre nuestra pasión y nuestro potencial. Si usted es la luz del mundo, nadie lo va a saber a menos que el interruptor esté encendido. Siga las directivas de Eclesiastés: «Todo lo que te viniere a la mano para hacer, hazlo según tus fuerzas» (9.10). Ser positivo es esencial para los logros y para ponerle las bases al verdadero progreso.

Thomas Edison le tenía
miedo a la oscuridad

¡**S**í! EDISON LE TENÍA MIEDO a la oscuridad, sin embargo, venció ese obstáculo de una forma muy grande cuando inventó el foco eléctrico.

> *Los tiempos de calamidad y confusión siempre han sido producti-vos para las grandes mentes. El metal más puro se produce en el horno más caliente y el rayo más brillante es el que produce la tor-menta más oscura.*
>
> —Charles Caleb Colton

La puerta de la oportunidad gira sobre las bisagras de la adversidad. Los problemas son el precio del progreso. Los obstá-culos de la vida tienen el propósito de hacernos mejores, no de hacernos más amargados. La adversidad tiene sus beneficios.
Alfred D. Souza dijo:

> *Durante mucho tiempo me pareció que la vida estaba a punto de comenzar, LA VERDADERA VIDA. Pero siempre había algún obstáculo en el camino, algo que se debía solucionar primero,*

algún asunto pendiente, tiempo en que se debía hacer algo y una deuda que pagar. Entonces, comenzaría la vida. Por último me di cuenta de que esos obstáculos eran mi vida.

Los obstáculos son simplemente un llamado a fortalecerse, no a desistir. Ann Giménez dice: «Entre usted y cualquier cosa que tenga significado va a haber gigantes en el camino». Usted no puede hacer ningún cambio sin una confrontación. La verdad es que si le gustan las cosas fáciles, va a tener dificultades. Si le gustan los problemas, va a tener éxito. Las personas que tienen más éxito son las que resuelven los problemas más grandes.

Si usted tiene un sueño sin problemas, en realidad no tiene un sueño. Tenga la misma actitud de Louisa May Alcott: «No les temo a las tormentas, porque estoy aprendiendo a navegar mi embarcación».

Las circunstancias gobiernan a los débiles; pero son instrumentos en las manos de los sabios.

—SAMUEL GLOVER

No deje que los problemas lleven la delantera, tómela *usted*. La dificultad que enfrenta es simplemente una oportunidad para que haga lo mejor que puede.

Los chinos tienen una máxima que dice: «La piedra preciosa no se puede pulir sin fricción, como tampoco se puede perfeccionar al hombre sin pruebas». Parece que la aflicción es la preparación necesaria para la grandeza. Considere lo que dijo Jesús: «En el mundo tendréis aflicción; pero confiad, yo he vencido al mundo».

¿Qué actitud debemos tener hacia las dificultades? William Boetcker dijo: «Las dificultades y las luchas de hoy no son sino el mejor precio que debemos pagar por los logros y la victoria de mañana». Lou Holtz aconsejó: «La adversidad es otra forma de medir la grandeza de los individuos. Nunca pasé por una crisis que no me hiciera más fuerte».

Cuando usted se encuentra con obstáculos, descubre cosas sobre sí mismo que no sabía antes. También va a descubrir lo que realmente cree. Cada problema introduce a la persona en sí misma.

Los desafíos lo hacen esforzarse, lo hacen ir más allá de la norma. Dar vuelta a un obstáculo para que le resulte ventajoso es el primer paso hacia la victoria.

> *Un hombre no se mide por la posición que adopta en momentos de comodidad y conveniencia, sino por su posición en tiempos de desafío y controversia.*
>
> —MARTIN LUTHER KING, HIJO.

La vida es tan incierta como la dirección que toma el jugo cuando usted exprime un pomelo. Sydney Harris observó: «Cuando escucho que alguien dice: "La vida es dura", siempre me siento tentado a preguntar: "¿Comparada con qué?"» Es mejor que enfrentemos nuestros problemas; no podemos correr lo suficientemente rápido o lejos para deshacernos de ellos. Deberíamos tener la actitud del famoso beisbolista Stan Musial, que dijo comentando cómo bateaba una bola que venía mojada con saliva: «Yo le pego al lado seco de la pelota». Charles Kettering dijo: «Nadie habría cruzado el océano si hubiera podido salirse del barco durante la tormenta». El desayuno de los campeones no es cereal; es obstáculos.

La honestidad sigue siendo
la mejor norma

LA VERDAD VIVE MÁS TIEMPO QUE LA MENTIRA.

Un clérigo estaba caminando por la calle cuando llegó adonde había como una docena de muchachos, que tendrían entre diez y doce años de edad.

Estaban alrededor de un perro. Preocupado, el hombre se les acercó y les preguntó: «¿Qué le están haciendo a ese perro?»

Uno de los ellos respondió: «Es un perro perdido del vecindario y todos lo queremos, pero solamente uno de nosotros se lo puede llevar a su casa. Así que hemos decidido que el que pueda decir la mentira más grande se va a quedar con el perro».

Por supuesto que el clérigo se quedó sorprendido. «Ustedes, niños, no deberían tener una competencia de decir mentiras», les dijo. A continuación comenzó un sermón de diez minutos comenzado con: «¿No saben ustedes, muchachos, que es pecado decir mentiras?», y terminando con: «Nunca dije mentiras cuando tenía la edad de ustedes».

Hubo un silencio de muerte por un minuto. Y cuando el clérigo estaba pensando que les había enseñado una lección a los niños, el más pequeño de ellos dio un profundo suspiro y dijo: «Está bien, denle el perro a él».

No hay límites a la altura que usted puede llegar cuando es honesto. Aun cuando la honestidad sigue siendo la mejor norma, hoy en día parece que hay menos personas honestas que antes. George Braque dijo: «La verdad existe; la falsedad tiene que ser inventada». Miguel de Cervantes dijo: «La verdad se va a levantar sobre la falsedad como el aceite sobre el agua».

Las mentiras piadosas dejan marcas no piadosas en su reputación. Usted no puede estirar la verdad sin hacer que su historia se vea bastante débil, y cuando la verdad se estira, de regreso le pega con fuerza.

La verdad ganará todas las discusiones si usted se aferra a ella el tiempo necesario. Aunque la honestidad tal vez no sea popular, siempre es lo correcto. El hecho de que nadie quiera creer la verdad no hace que no sea lo correcto.

Dos medias verdades no hacen una verdad completa. De hecho, tenga cuidado con las medias verdades. Tal vez usted haya recibido la mitad incorrecta. Usted va a encontrar que una mentira no tiene donde apoyarse y se debe apoyar en otras mentiras. T.L. Osborn aconseja:

Siempre diga la verdad y nunca se va a tener que acordar de lo que dijo.

La verdad es algo para lo que no se conoce ningún sustituto. No hay algo aceptable que pueda reemplazar a la honestidad; no existe una excusa válida para la deshonestidad y lo que se llama una mentira piadosa no tiene nada de piadoso. Tal vez parezca que una mentira ha arreglado el presente, pero no tiene futuro. La esperanza que se construye sobre una mentira siempre es el comienzo de una pérdida; una persona que inspira dudas no vive una vida llena de luz.

Herbert Casson prometió: «Muéstrenme un mentiroso, y yo les voy a mostrar un ladrón». La tarea principal de una mentira es robarle algo a usted y a otras personas. George Bernard Shaw dijo:

El castigo del mentiroso no es que no se le cree lo que dice, sino que él mismo no le puede creer a nadie.

Los mentirosos no tienen amigos verdaderos, porque, ¿cómo puede tenerles confianza?

Si usted miente y dice la verdad, la verdad va a ser considerada una mentira.

—PROVERBIO SÚMERO

Es decir, que a un mentiroso no se le cree aunque diga la verdad. Una persona honesta altera sus ideas para que encajen con la verdad; una persona deshonesta altera la verdad para que encaje con sus ideas.

No hay diferentes grados de honestidad. La única forma de ser libre es ser una persona veraz. La verdad es fuerte y *va a* prevalecer, no hay poder en el mundo que tenga más fuerza que ella. Considere las palabras de Pearl Buck: «La verdad es siempre emocionante. Entonces, háblela. La vida es aburrida sin ella».

Cuando todo lo demás falla, la persistencia prevalece

Un hombre que se encuentra con un gurú en el camino, le pregunta: «¿En qué dirección se encuentra el éxito?»

El sabio de barba no le habla sino que le señala hacia un lugar a la distancia.

El hombre, encantado con la perspectiva de un éxito rápido y fácil, se apresura hacia la dirección indicada. *Se escucha el ruido de un golpe.*

El hombre regresa cojeando, con moretones y perplejo, asumiendo que debe de haber interpretado mal el mensaje. Repite la pregunta al gurú, que de nuevo le señala en silencio hacia la misma dirección.

En forma obediente, el hombre se dirige allí una vez más. Esta vez el ruido es ensordecedor y cuando regresa con mucha dificultad, está ensangrentado, lastimado y lleno de ira. «¡Le pregunté en qué dirección se encuentra el éxito!», le grita al gurú. «¡Seguí la indicación que usted me dio! Y todo lo que conseguí fue caerme. Ya no me señale más. ¡Hábleme!»

Solo entonces el gurú le habla: «El éxito *es* en esa dirección. Un poquito después de la caída».

Todos hemos experimentado «la caída». Es lo que hacemos después de ella lo que hace la diferencia. Muchas veces esto es lo que separa a las personas que obtienen grandes logros de las que no logran nada. *Cualquier cosa que quiera lograr en la vida va a requerir persistencia.* El campeón corredor Rick Mears lo dijo muy bien: «Para terminar primero, primero debe terminar».

¿Quiere lograr algo en la vida? Sea como el cortador de piedras.

Fíjese en el cortador de piedras, martillando la roca, tal vez cien veces sin que se vea ni una sola grieta. Y sin embargo, cuando da el martillazo número ciento uno, la piedra se parte en dos, y yo sé que no fue el último golpe el que lo logró, sino todo lo que había sucedido antes.

—Jacobs Riis

Todo les llega a las personas que buscan las cosas con persistencia. La perseverancia es el resultado de una voluntad firme; la obstinación el de la terquedad. Como lo dijera Barón de Montesquieu: «A menudo el éxito depende de saber cuánto tiempo va a llevar obtenerlo». Este es el secreto del éxito: «Nunca abandone, nunca pare. Considere lo que dice Proverbios: "¿Has visto hombre solícito en su trabajo? Delante de los reyes estará"» (22.29).

Usted puede ser cualquier cosa que se resuelva a ser. Determine ser algo en el mundo y será algo. «No puedo» nunca logró nada. «Voy a tratar» ha logrado maravillas.

—Joel Hause

Herbert Kaufman agrega: «Las arrancadas no cuentan. El puntaje final no hace mención de un comienzo espléndido si el final prueba que usted fue mediocre».

Tenga presente las palabras de Hamilton Holt: «Nada que valga la pena viene con facilidad. Medio esfuerzo no produce medio resultado. No produce resultado alguno. El trabajo, el trabajo continuo y el trabajo arduo es la única forma en que se logran resultados duraderos».

Nadie *encuentra* que la vida valga la pena ser vivida. Usted debe *hacer* que la vida valga la pena.

Ralph Waldo Emerson dijo: «La gran mayoría de los hombres son manojos de comienzos». Estoy de acuerdo con Charles Kettering: «Siga adelante y las posibilidades son que va a tropezar con algo tal vez cuando menos lo espera». Sea como el perro buldog del que habló Winston Churchill:

> *La nariz del perro buldog está inclinada hacia atrás para que pueda seguir respirando sin soltar su presa.*

La verdad es que la persistencia puede ser una planta amarga, pero tiene frutos dulces. Joseph Ross dijo: «Toma tiempo tener éxito porque el éxito es simplemente la recompensa natural de tomar tiempo para hacer una cosa bien». La victoria les llega a aquellos que perseveran más.

La gente persistente comienza a tener éxito donde la mayoría desisten. Muchas veces el éxito consiste en aguantar un minuto más. Calvin Coolidge dijo: «*Seguir adelante* ha resuelto y siempre resolverá los problemas de la raza humana». Usted se va a dar cuenta de que la gente persistente siempre tiene la siguiente actitud: Nunca pierden el partido, simplemente se les acabó el tiempo.

Afírmese, agárrese, insista. La paciencia es un genio.
—GEORGE-LOUIS LECLERC
CONDE DE BUFFON

EL DESTINO ATRAE

¿ESTÁ ANDANDO A TROPEZONES HACIA un futuro incierto? Usted puede predecir su futuro por la conciencia que tiene de su propósito único. Demasiada gente sabe de lo que huye pero no sabe hacia dónde corre. Primero, concéntrese en encontrar su propósito, luego concéntrese en alcanzarlo. Si tiene un poderoso *por qué*, le proveerá el necesario *cómo*. Su cualidad positiva más grande puede ser el propósito y no el dinero ni el talento.

Myles Monroe dijo: «Hay algo para que usted comience, lo cual está destinado a que usted lo termine». Cuide su propósito y el final se cuidará de sí mismo. Cuando usted basa su vida en principios, noventa y nueve por ciento de sus decisiones ya están hechas. ¿Está considerando un curso de acción? Escuche las palabras de Marcos Aurelio: «No se debería hacer nada si no se tiene un propósito».

La altura de sus logros va a ser igual a la profundidad de sus convicciones. Si busca la felicidad por obtener felicidad, no la va a encontrar; búsquela con un propósito y la felicidad lo va a seguir como una sombra que aparece con la luz del sol.

—WILLIAM SCOLAVINO

Cuando usted busca su destino, va a ser como un imán que lo atrae, no como un anillo de cobre que lo rodea solo una vez. *El destino atrae.*

John Foster dijo: «Es algo penoso y vergonzoso no poder responder, con cierto grado de certidumbre, a las simples preguntas: "¿Qué va a ser usted? ¿Qué va a hacer usted?"» Charles Garfield agrega: «Aquellos que se desempeñan mejor, son las personas que están consagradas a una misión que les impulsa. Es muy claro que les importa mucho lo que hacen y a sus esfuerzos, energía y entusiasmo se les puede trazar la pista hacia esa misión particular». En realidad, *usted no es libre hasta que no ha sido cautivado por su misión en la vida.*

William Cowper observó:

> *La única verdadera felicidad llega al gastarnos a nosotros mismos por un propósito.*

El libro de Proverbios dice que el hombre solo hallará satisfacción cuando cumpla su plan. Estoy de acuerdo con Robert Byrne: «El propósito de la vida es una vida de propósito».

No abandone su futuro, es un ancla en la tormenta. Una vida sin propósito es una muerte prematura. Lo que usted cree sobre su misión en la vida es la fuerza que determina lo que logra o lo que falla en lograr durante su tiempo en la tierra.

La vida de una persona promedio consiste de veinte años en los cuales sus padres le preguntan adónde va, unas pocas décadas en las cuales su cónyuge le formula la misma pregunta y al final, los dolientes se preguntan lo mismo en su funeral. Martin Luther King dijo: «Si un hombre no ha descubierto algo por lo que está dispuesto a morir, no está capacitado para vivir». Abandónese al destino.

USTED SOLO PUEDE VIVIR
EL DÍA DE HOY

¡APROVECHE EL MOMENTO! Las oportunidades o le están *llegando* o lo están *dejando atrás*. Hoy fue una vez el futuro del cual usted esperaba tanto en el pasado. Horacio Dresser dijo: «Lo ideal nunca sucede. Hoy es ideal para aquel que lo hace así». Viva para hoy. No deje que lo que tiene dentro de su alcance hoy se pierda por completo porque el futuro lo intriga y el pasado le causa desánimo.

Hacer lo mejor posible en este momento lo coloca en la mejor posición para el siguiente momento. ¿Cómo puede vivir sino para el momento actual? Todas las flores de mañana se encuentran en las semillas de hoy. Séneca dijo: «Comience a vivir de inmediato». Ellen Metcalf afirmó: «Hay muchas personas que están en el lugar correcto en el tiempo correcto pero que no lo saben». Está bien tomar tiempo para hacer planes, pero cuando el tiempo de accionar ha llegado, ¡deje de pensar y actúe!

Marie Edgeworth declaró:

> *No hay ningún momento como el presente. El hombre que no lleva a cabo sus resoluciones cuando todavía están frescas no puede tener esperanzas de que permanezcan después, pues van a ser disipadas, perdidas y perecerán en el apuro y ajetreo del mundo, o se hundirán en el pantano de la indolencia.*

John Burroughs instó:

La lección que la vida constantemente repite y vuelve a repetir es: «Mira hacia abajo. Tú siempre estás más cerca de lo que crees... La gran oportunidad se encuentra donde tú estás. No desprecies tu propio lugar y tu propia hora».

Lo más importante en la vida es lo que estamos haciendo ahora: «Este es el día que hizo el Señor, yo me gozaré y alegraré en él».

Nunca comience su día en un punto muerto. Sepa el valor verdadero que tiene el día de hoy. Haga que las palabras de Jonathan Swift sean una realidad en su vida: «Quiera Dios que viva todos los días de su vida». Ralph Waldo Emerson dijo: «Escriba en su corazón que cada día es el mejor día del año».

Las «lamentaciones de la vida» que la mayor parte de las personas tienen provienen de no haber actuado cuando tuvieron la oportunidad. Albert Dunning dijo: «Las grandes oportunidades nos llegan a todos, pero muchos no saben que las han encontrado. La mejor preparación para aprovecharlas es observar lo que trae cada día».

Noé no esperó que se le solucionaran las cosas, él las solucionó construyendo el arca. Muy pocos saben cuándo se deben poner a la altura de las circunstancias; la mayoría solo saben quedarse estáticos. Muchos pasan demasiado tiempo soñando acerca de lo que va a venir, sin nunca darse cuenta que un poco de eso llega todos los días. Ruth Schabacker lo dice con claridad:

Cada día llega trayendo sus propios regalos. Desate las cintas.

Martial advirtió: «Mañana será demasiado tarde para vivir; viva hoy». Wayne Dyer observa: «Hoy es todo lo que tenemos. Todo lo que ha sucedido, cualquier cosa que vaya a sucederle a usted, es solo un pensamiento». Si vive bien el día de hoy estará preparado tanto para las oportunidades como para los obstáculos de mañana.

SEA UN POCO MÁS AMABLE DE LO QUE ES NECESARIO

SERVIR A OTRAS PERSONAS ES UNO de los privilegios más asombrosos de la vida. Albert Schweitzer dijo: «Los únicos entre ustedes que van a ser en realidad felices son los que han buscado y encontrado la forma de servir». Pierre Teilhard de Chardin comentó: «Lo más satisfactorio de la vida es haber podido dar una gran parte de uno a otras personas». Siga el consejo de Carl Reilland:

Prácticamente en el mismo grado en que usted ayuda va a ser feliz.

Busque las cosas buenas en la gente. Recuerde, ellos tienen que hacer lo mismo en su caso. Entonces haga algo para ayudarlos. Si usted quiere avanzar, sea un puente en vez de una pared. Ame a sus semejantes más de lo que merecen. Frank Crane dijo: «La regla de oro no sirve a menos que usted se dé cuenta de que le toca jugar». Cada ser humano nos ofrece una oportunidad de servir. Todo el mundo necesita que alguien lo ayude.

La población total del universo, con la ínfima excepción de una persona, se compone de los demás.

—JOHN ANDREW HOLMES

Con demasiada frecuencia esperamos que todos los demás practiquen la regla de oro. Y la regla de oro tal vez sea muy antigua, pero no ha sido usada tanto como para mostrar signos de desgaste. Cometemos un error de primera clase si tratamos a los demás como ciudadanos de segunda clase.

Usted no puede ayudar a los demás sin ayudarse a sí mismo. La amabilidad es una de las cosas más difíciles de regalar, puesto que por lo general le es devuelta. La persona que siembra semillas de amabilidad disfruta de una cosecha perpetua. Henry Drummond reflexionó: «Me pregunto por qué no seremos más amables los unos con los otros... ¡cuánto lo necesita el mundo! ¡Con qué facilidad se hace!»

¿Se quiere llevar mejor con los demás? Sea un poco más amable de lo necesario. Una buena manera de olvidar sus propios problemas es ayudar a que otras personas salgan de los de ellas. Cuando usted comparte, en realidad su vida aumenta en lugar de disminuir.

Theodore Spear dijo: «Usted nunca puede esperar demasiado de sí mismo en el asunto de darse a otras personas». Cuanto más alto crece una planta de bambú, tanto más bajo se dobla. El verdadero liderazgo comienza con el servicio.

Una de las cosas más sorprendentes que jamás se haya dicho en la vida es la declaración de Jesús: «El mayor entre ustedes será el siervo de todos». Nadie tiene una posibilidad en un billón de ser recordado como realmente grande un siglo después de haber muerto a menos que haya sido siervo de todos.

—HARRY EMERSON FOSDICK

Henry Burton escribió:

¿Le han bendecido con un acto de bondad?
Páselo a otra persona.
No fue dado para usted solo,
Páselo a otra persona.

Deje que viaje a través de los años,
Que seque las lágrimas de alguien,
Hasta que en el cielo se recuenten los hechos,
Páselo a otra persona.

Un parquímetro nos recuerda que perdemos dinero cuando estamos parados sin movernos

—Bert Krose

El éxito viene cuando nos atrevemos a dar pasos pequeños. Después de haber sido fiel en los pasos pequeños, usted mirará hacia atrás y dirá: «Todavía no estoy adonde quiero, pero tampoco estoy donde estaba». Julia Carney dijo:

Pequeñas gotitas de agua y pequeños granitos de arena,
forman el grandioso océano y la agradable tierra.

Louis L'Amour escribió: «La victoria no se gana por kilómetros sino por centímetros. Gane un poco ahora, manténgalo y más tarde gane mucho más». Algunas veces se nos da un poco para ver lo que haremos con mucho.

Dale Carnegie dijo: «No tema hacer lo mejor posible en algunas tareas que parecen pequeñas. Cada vez que conquista una, usted se hace más fuerte. Si hace los trabajos pequeños bien, los grandes tienden a resultarle más fáciles». Su futuro llega una hora por vez. Thomas Huxley observó:

El escalón de una escalera no se hizo para descansar sobre él, sino
para permitirle al hombre poner su otro pie más alto.

¿Está usted dispuesto a hacer algo *pequeño* para Dios? Los pasos pequeños son una idea muy buena. Nunca se desaliente cuando su progreso es lento, no importa lo pequeño que este sea. Solamente guárdese de quedarse parado sin moverse. Las personas de éxito son las que hacen lo que pueden con lo que tienen y que lo hacen en el lugar donde están. Helen Keller dijo: «Anhelo realizar una tarea grande y noble, pero es mi deber principal realizar tareas pequeñas como si fueran grandes y nobles».

El que comete el error más grande es aquel que no hizo nada porque podía hacer poco.

—Edmund Burke

Las tareas pequeñas realizadas son mejores que las grandes planeadas. Yo creo que les deberíamos dar la misma importancia a las tareas pequeñas en nuestras vidas que a las grandes. ¿Por qué? Porque si somos fieles en las cosas pequeñas, las grandes se encargarán de sí mismas.

El premio de cumplir un deber con éxito es la oportunidad de hacer otro. Robert Smith dijo: «La mayor parte de las cosas críticas de la vida, las cuales llegan a ser el punto inicial del destino humano, son pequeñas». Haga las cosas pequeñas ahora y las grandes van a llegarle pidiendo que las haga.

Una cosa es cierta: Lo que no se prueba no va a dar resultado. Lo más importante es comenzar, aun cuando el primer paso es el más difícil. Estoy de acuerdo con Vince Lombardi: «Las pulgadas hacen a los campeones». Dé un paso pequeño ahora mismo. No pase por alto las cosas pequeñas. La cometa vuela porque tiene cola. Son las cosas pequeñas las que cuentan: Algunas veces un alfiler de gancho tiene una tarea de más responsabilidad que el presidente de un banco.

David Storey afirmó: «Tenga la confianza de que si ha hecho bien una cosa *pequeña*, también puede hacer bien una *más grande*». Considere lo que dijo Pat Roberston: «No desprecie el día de los comienzos pequeños porque puede cometer todos los errores en forma anónima». Valore las cosas pequeñas. Un día mirará hacia atrás y verá que fueron grandes. Dante Alighieri dijo: «De una pequeña chispa puede surgir una gran llama».

Recuerde esto mientras asciende en la vida:
El perro más grande una vez fue un cachorrito.

—ANÓNIMO

Haga algo

LA MAMÁ DE JIMMY LO LLAMÓ A LAS SIETE de la mañana:
—¡Jimmy, levántate! ¡Es hora de ir a la escuela!

No hubo respuesta. Ella lo llamó de nuevo y esta vez más fuerte:
—¡Jimmy, levántate! ¡Es hora de ir a la escuela!

Tampoco obtuvo respuesta. Exasperada, fue a su cuarto y lo sacudió diciendo:
—Jimmy, es hora de que te aprontes para ir a la escuela.

Él le respondió:
—Mamá, no voy a ir a la escuela. Hay mil quinientos niños en esa escuela y todos me odian. Yo no voy a ir a la escuela.

—¡Vas a ir a la escuela! —le dijo ella con firmeza.

—Pero, mamá, todas las maestras también me odian. Yo vi a tres maestras hablando el otro día y una de ellas me estaba señalando a mí. Yo sé que todas me odian, así que no voy a ir a la escuela —respondió Jimmy.

—¡Vas a ir a la escuela! —le demandó su madre de nuevo.

—Pero, mamá, no lo entiendo. ¿Por qué quieres que experimente toda esa tortura y sufrimiento? —protestó.

—Jimmy, tengo dos buenas razones —le dijo ella firmemente—. En primer lugar, tú tienes cuarenta y dos años; y en segundo lugar, eres el director de la escuela.

Hay muy pocos de nosotros que algún día no nos hemos sentido como Jimmy. Simplemente no queremos ir a la escuela. Esa escuela, por supuesto, es la vida y faltar o no presentarnos puede parecer una idea mucho mejor que enfrentar los desafíos que inevitablemente están por delante. El éxito comienza en el momento en que entendemos que la vida está compuesta de *comienzos*.

Comience donde está. Solo puede comenzar con lo que tiene, no con lo que no tiene. La oportunidad siempre se encuentra donde usted está, no donde estuvo. Para llegar a algún lugar, usted debe comenzar a ir hacia un lugar, o no va a llegar a ningún lado.

Hamilton Mabie dijo: «El asunto que todo hombre debe resolver no es lo que haría si tuviera los medios, el tiempo, la influencia y las ventajas de una buena educación, sino lo que hará con las cosas que tiene». Cada uno de nosotros tiene la habilidad de comenzar a crear lo que necesitamos de algo que ya está aquí.

Tendemos a subestimar o sobrestimar lo que no poseemos. Ed Howe dijo: «La gente siempre está descuidando algo que puede hacer y trata de hacer algo que no puede hacer».

Siga el consejo de Ted Roosevelt:

Haga lo que puede, con lo que tiene, donde esté.

La única forma de aprender algo a fondo es comenzando en la parte de abajo (excepto cuando se aprende a nadar). Para tener éxito, haga lo que puede.

Ken Keys hijo dijo: «Estar disgustado por lo que no tiene es desperdiciar lo que tiene». La verdad es que muchos han tenido éxito porque no tenían las ventajas que tenían otras personas.

Epicuro dijo: «No eche a perder lo que tiene queriendo tener lo que no tiene; pero recuerde que lo que ahora tiene una vez estuvo entre las cosas que esperaba tener». Henri Fredreric Amiel observó:

Casi todo viene de casi nada.

Cuando usted usa lo que tiene en forma apropiada y en el tiempo correcto es cuando ocurren las mejoras. Todos los que han llegado tuvieron que comenzar en el lugar donde estaban.

La verdad es que usted no puede saber lo que puede hacer hasta que trata. El catalizador más importante para alcanzar su sueño es comenzar donde está. Edward Everett Hail dijo: «No puedo hacer todo, pero puedo hacer algo. Y no dejaré que lo que no puedo hacer interfiera con lo que puedo hacer».

Ni hacia delante ni hacia atrás
Miro con esperanza o temor;
Sino que, con gratitud, tomo lo que encuentro
Lo mejor de ahora y de aquí.

—JOHN GREENLEAF WHITTTIER

NO SE DETENGA CON MÁS VELOCIDAD
DE LA QUE USÓ PARA COMENZAR

EL NACIMIENTO DE UNA JIRAFA es un acontecimiento singular. Al nacer, la jirafa cae a unos tres metros del vientre de su madre y por lo general cae de espalda. En unos segundos, se da vuelta y coloca las patas debajo del cuerpo. De esta posición ve al mundo por primera vez y se sacude los últimos vestigios de fluido amniótico de los ojos y las orejas. A continuación la mamá jirafa con rudeza presenta a su hijo a la realidad de la vida.

En su libro titulado *A View From the Zoo*, Gary Richmond describe cómo una jirafa recién nacida aprende su primera lección.

La mamá jirafa baja la cabeza lo suficiente como para dar una rápida mirada. A continuación se coloca directamente sobre su hijo. Espera cerca de un minuto y luego hace la cosa más irracional: Mueve su larga pata como si fuera un péndulo y patea a su bebé, haciéndolo caer de cabeza hacia delante.

Si la jirafita no se levanta, el violento proceso es repetido una y otra vez. La lucha por levantarse es trascendental. A medida que la jirafita se cansa, la madre la patea de nuevo para estimularla a que continúe esforzándose. Finalmente, la jirafita se levanta apoyada en sus temblorosas patas.

A continuación, la mamá jirafa hace algo notable. Patea al recién nacido otra vez y este cae. ¿Por qué? Ella quiere que él recuerde cómo se levantó. En la selva, las jirafas pequeñas se deben poder levantar lo más rápidamente posible para permanecer con el rebaño, donde hay seguridad. A los leones, las hienas, los leopardos y los perros de caza les gustan mucho las jirafas jóvenes (y que están solas); si la madre no le enseñara a su hijo a levantarse con rapidez y a moverse, sería una fácil presa.

Hay una característica común que se ve en las vidas de las personas excepcionales. Reciben golpes, caen, son insultadas y durante años no llegan a ningún lado. Pero cada vez que caen, se levantan. Es imposible destruir a estas personas.

El mundo siempre le dará una oportunidad para desistir, pero solo el mundo diría que desistir es una oportunidad.

—CLINT BROWN

Como autor, tengo el privilegio de autografiar muchos libros. Me gusta escribir palabras de aliento en cada uno antes de firmar mi nombre. Una de las cosas que escribo con más frecuencia es: *¡Nunca desista!* Esta simple declaración es uno de los principios del éxito más poderosos que jamás hayan sido predicados.

Joel Budd observó: «No es el final de un asunto hasta que usted no acepta que lo es». Richard Nixon comentó:

Un hombre no está acabado cuando es derrotado. Está acabado cuando desiste.

Nada ni nadie lo puede derrotar a menos que usted decida no levantarse otra vez. H.E. Jansen dijo: «Al hombre que gana, tal vez el árbitro le contó varias veces, pero él no lo escuchó». Encuentre la forma de hacer una cosa, no la de *no* hacerla.

El hombre perezoso siempre es juzgado por lo que no hace. La elección de desistir o de continuar adelante es un momento que define su vida. No es posible hacer correr el reloj hacia atrás. Pero usted le puede dar cuerda de nuevo.

Hace unos dos años tuve el privilegio de conocer a Peter Lowe, el fundador de la exitosa organización que da seminarios para enseñar a tener éxito llamada *Success Seminars*. Mientras hablábamos, él comentó: «La característica más común que he encontrado en las personas que tienen éxito es que han conquistado la tentación de desistir, de abandonar». Una de las mejores formas de tratar de hacer lo mejor posible es levantarse cuando lo derriban.

En tiempos difíciles, no deje de hacer cosas difíciles. En lugar de detenerse, siga este proverbio inglés: «No caiga antes que lo empujen». Margaret Thatcher entendió el principio de la persistencia:

Para ganar una batalla, tal vez la tenga que pelear más de una vez.

David Zucker añadió: «Desista ahora y nunca va a llegar a ningún lado. Si usted rechaza este consejo ya está a mitad de camino».

«¡No puedo!», es la conclusión a que llegan los necios. Escuche las palabras de Clare Booth Luce:

No hay situaciones sin esperanza; solamente hay personas que sienten desesperanza en cuanto a ellas.

El almirante Chester Nimitz oró: «Señor, concédeme el valor para no abandonar lo que considero justo aun cuando piense que no hay esperanza de lograrlo». La tragedia más grande es desistir. El famoso boxeador Archie Moore observó: «Si no salgo del piso, voy a perder la pelea».

La elección es simple: *Usted o puede ponerse de pie y ser contado, o puede continuar sobre el piso y ser no contado.* La derrota solo llega a las personas cuando la admiten. Su éxito va a ser medido por su disposición de seguir tratando. Cualquiera puede abandonar. Tenga el valor de vivir.

USTED NO PUEDE HACER QUE UN CERDO DEJE DE REVOLCARSE EN EL BARRO

—YORBA

MI AMIGO NEIL ESKELIN cuenta la historia de un hombre que murió y se encontró con San Pedro en las puertas del cielo. Dándose cuenta de que el apóstol era sabio, le dijo:

—San Pedro, yo he estado interesado en la historia militar por muchos años. Dígame, ¿quién fue el general más grande de todos los tiempos?

Con mucha rapidez San Pedro le respondió:

—Oh, esa es una pregunta fácil —y señalando agregó—: Aquel que está ahí.

El interlocutor le dijo:

—Debe de haber un error. Yo conocí a ese hombre en la tierra. Era un obrero común y corriente.

—Es verdad, amigo mío —respondió San Pedro—. Pero él podría haber sido el general más grande de todos los tiempos, si hubiera sido un general.

Usted ha sido creado con habilidades naturales y una brújula interna que lo guía hacia el enfoque particular de su vida. Ese es solamente el punto de partida; usted debe dar el siguiente paso. Usted tiene la obligación de expandir ese potencial hasta su destino final.

Miguel Ángel dijo: «Solo me siento bien cuando tengo un cincel en la mano».

Descubra lo que se supone que haga y ¡hágalo!

Como siempre viajo, tengo la oportunidad de pasar mucho tiempo en los aeropuertos. Casi siempre, noto que muchas personas parecen estar apuradas para no ir a ningún lado. ¿No es increíble que tanta gente dedique toda la vida en campos de trabajo que no tienen nada que ver con los dones y talentos que tienen dentro? Es increíble también que muchas personas pasan toda la vida tratando de cambiar la forma en que fueron hechas.

Todas las personas tienen dones específicos, talentos y puntos fuertes. Pablo les dijo a los corintios que *toda* persona tiene su propio talento dado por Dios. Marco Aurelio afirmó: «Tenga en cuenta las cosas excelentes que posee y con gratitud recuerde cómo las anhelaría si no las tuviera».

Robert Quillen reflexionó:

Si usted cuenta todas sus cualidades positivas, siempre va a mostrar una ganancia.

Aproveche las oportunidades para usar sus dones: «Póngase siempre en lugares donde lo vean. Esto siempre trae sus talentos a la luz» (Balthasar Gracian). Nunca se juzgue a sí mismo por sus debilidades. Estoy de acuerdo con Malcom Forbes: «Demasiadas personas exageran el valor de lo que no son y menosprecian el valor de lo que son». Usted es más rico de lo que cree ser.

Nathaniel Emmons dijo: «Una de las razones principales por la cual los hombres tan a menudo no son útiles, es que descuidan su propia profesión o llamado y dividen o cambian la atención entre una cantidad de objetos y cosas que quieren lograr». Lo mejor que usted puede ser siempre va a surgir cuando use los mejores dones que tiene dentro.

Un talento bueno y cultivado, profundizado y agrandado, vale cien facultades superficiales.

—WILLIAM MATTHEWS

Demasiadas personas solo toman en consideración sus deseos y descuidan sus talentos y habilidades. Si usted es músico, entonces desde lo profundo de su ser haga música. Si es maestro, enseñe. Sea lo que es y estará en paz consigo mismo. Estoy de acuerdo con William Boetecher: «Cuanto más aprenda usted qué hacer consigo mismo, tanto más aprenderá a disfrutar la vida abundante». Haga lo que le resulta más natural.

Ser usted mismo —en un mundo que noche y día trata de hacer de usted alguien que no es—, significa pelear la batalla más dura que puede luchar cualquier ser humano y nunca dejar de pelear.

—E.E. Cummings

A fin de cuentas: ¡Sea usted mismo!

Considere las palabras de Sydney Harris: «Noventa por ciento de los problemas del mundo vienen de personas que no se conocen a sí mismas, no saben cuáles son sus habilidades y debilidades y ni siquiera sus verdaderas virtudes». No espere nada original de un eco. Alfred de Musset dijo: «Qué glorioso —y también qué doloroso— es ser una excepción». Billy Walder agrega:

Confíe en sus propios instintos. Es mejor que sus errores sean los propios en lugar de los de otra persona.

Abraham Lincoln dijo: «Lo que quiera que sea, sea bien bueno». Entonces, sea usted mismo, ¿quién estaría mejor calificado que usted?

No es que la gente fracasa mucho, sino que abandona con demasiada facilidad

DOS HOMBRES HABÍAN NAUFRAGADO en una isla. En el instante en que llegaron a ella, uno de ellos comenzó a gritar: «¡Vamos a morir! ¡Vamos a morir! No hay comida, no hay agua. ¡Vamos a morir!»

El otro hombre estaba recostado en una palmera y actuaba con tanta calma que enloquecía al primero.

—¿No lo entiendes? ¡Vamos a morir!

El segundo hombre respondió:

—Tú eres el que no entiende. Yo gano $100,000 dólares a la semana.

El primer hombre, desconcertado, lo miró y le preguntó:

—¿Y cuál es la diferencia con eso? Estamos en una isla sin comida y sin agua. ¡¡¡Vamos a MORIR!!!

El segundo hombre le respondió:

—Gano $100,000 por semana y doy mi diezmo a la iglesia. Mi pastor me va a encontrar.

Cuando usted es una persona que persiste, usted lo sabe y también lo saben todos los demás.

Nunca deje de hacer lo que realmente sabe que debe hacer. El fracaso está esperando en el camino del que es menos persistente. El «hombre del día» ha pasado muchas noches para llegar allí:

«Mi éxito de la noche a la mañana fue la noche más larga de mi vida» (autor desconocido). Los ganadores simplemente hacen lo que no quieren hacer los perdedores... por más tiempo.

El famoso refrán es cierto:

En la confrontación entre el agua y la roca, el agua siempre gana, no por medio de la fuerza sino por la persistencia.

Christopher Morley dijo: «El pez gordo fue un pez pequeñito que continuó tratando». La persistencia es simplemente disfrutar la distancia entre el nacimiento y el logro de sus sueños. Un «éxito de la noche a la mañana» lleva muchos años.

Deberíamos ser personas de *voluntad firme,* no personas *tercas.* Muchos de los mayores fracasados del mundo fueron personas que no se dieron cuenta de lo cerca que estaban del éxito cuando desistieron. Si usted se detiene al llegar a la tercera base es lo mismo que si lo eliminan cuando batea; no le agrega ningún tanto al puntaje.

La persistencia es prueba de que usted no ha sido derrotado. Mike Murdock dice: «Usted no tiene derecho a ninguna cosa que no haya buscado, porque la prueba del deseo se encuentra en la búsqueda». La mayor riqueza de la vida se encuentra en el compromiso firme. No se lo pueden robar; solo lo puede perder si decide hacerlo.

Cuando es más difícil ser fiel, es cuando es más necesario, porque los tiempos de prueba no son tiempos de desistir. El secreto del éxito es comenzar de nada y continuar sin cejar. Medimos el éxito por lo que la gente termina, no por lo que comienza.

Earl Nightingale dijo:

Un joven le preguntó una vez a un hombre mayor famoso: «¿Cómo puedo hacerme conocer en el mundo y llegar a tener éxito?» El hombre famoso le respondió: «Lo único que tiene que hacer es decidir lo que quiere y luego mantenerse en eso sin desviarse del curso, no importa el tiempo que le lleve, o lo difícil que sea el camino, hasta que usted lo haya logrado».

El éxito se encuentra cuando se persiste en algo mucho tiempo después que otros han desistido.

USTED TIENE EL POTENCIAL Y LA OPORTUNIDAD PARA EL ÉXITO

¿SABE USTED LO QUE PUEDE LOGRAR ESTA PÁGINA? Desde ella usted puede ir adonde quiera ir. Esta página le puede servir de trampolín para su futuro. Puede comenzar aquí y empezar a moverse hacia delante.

> *Se rieron de Eli Whitney cuando mostró la máquina que separa las fibras del algodón. [Thomas] Edison tuvo que instalar su bombillo eléctrico gratis en una oficina antes de que nadie siquiera se dignara a mirarlo. Una multitud turbulenta hizo pedazos la primera máquina de coser en la ciudad de Boston. La gente se rió de la idea de los ferrocarriles. La gente creía que viajar a cincuenta kilómetros por hora [en automóvil] pararía la circulación de la sangre. [Samuel] Morse tuvo que rogar ante el Congreso antes de que siquiera miraran el telégrafo.*
>
> —AUTOR ANÓNIMO

Sin embargo, para todos estos hombres el cielo no era el límite.

Cuídese de todos los que se mantienen a la distancia y saludan a cada invención con desaprobación; el mundo se detendría si fuera dirigido por hombres que dicen: «No se puede hacer».

—SAMUEL GLOVER

Nuestros logros están en proporción directa a lo que tratamos de hacer. Sin embargo, más personas son persuadidas a creer en nada que a creer en mucho. La verdad es que usted nunca está tan lejos de la respuesta como parece al principio.

Cada uno de nosotros tiene el potencial y la oportunidad para el éxito. Toma tanto esfuerzo vivir en forma improductiva como vivir una vida efectiva y siempre cuesta más hacer lo que no es correcto que hacer lo correcto. Sin embargo, millones de vidas sin rumbo se encuentran en prisiones que ellas mismas han construido, simplemente porque no han decidido en qué forma invertir.

Muchas personas confunden el mal manejo de las cosas [el proceso de tomar decisiones] *con el destino.*

—KIN HUBBARD

«Sin profecía, el pueblo se desenfrena», dice el libro de Proverbios (29.18). No es la ausencia de cosas lo que nos hace desdichados, es la ausencia de una visión.

Es posible predecir el futuro de una persona por su conciencia en cuanto a su propio destino. La carga más pesada de la vida es no tener nada que cargar. El impacto de una persona está determinado por la causa por la cual vive y el precio que está dispuesto a pagar. En lo que pone su corazón va a determinar cómo vive la vida.

No tome a la ligera sus sueños y esperanzas. Atesórelos, porque son como niños que han nacido dentro de usted. «Es mejor morir por algo que vivir por nada», dice Bob Jones: «Un hombre que no tiene principios no le saca mucho a la vida».

Ningún viento sopla a favor de una embarcación que no tiene destino. Una persona sin meta es como un barco sin timón. El que prevalece no es el hombre con un motivo, sino el hombre que tiene un propósito. «El destino de cada hombre es su chaleco sal-vavidas» *(The Sunday School)*.

Dios no pone ningún anhelo en el alma humana para el que no tenga un plan para satisfacerlo. Jesús es un hombre con un propósito: «Yo para esto he nacido, y para esto he venido al mundo, para dar testimonio a la verdad. Todo aquel que es de la verdad, oye mi voz» (Juan 18.37). Desdichadamente, «desconfia-mos demasiado del corazón y no lo suficiente de la cabeza» (Joseph Roux).

Mucha gente ya no espera que las cosas resulten; esperan poder evitar un desastre. Demasiada gente tiene a la oportunidad golpeándole a la puerta, pero cuando le quitan la llave a las cade-nas, empujan el cerrojo, abren dos cerraduras y apagan la alarma contra los ladrones —¡la oportunidad se ha ido!

Por lo general la gente tiene miríadas de opiniones y muy pocas convicciones. Una persona que no va a ningún lado puede tener la seguridad de que va a llegar a su destino. De nuevo: La carga más pesada de la vida es no tener nada que cargar.

Usted crece hasta el punto
en que cede

HACE MÁS DE CIEN AÑOS una mujer, usando un vestido de algodón desteñido, y su esposo, que vestía un traje muy gastado, bajaron del tren en la ciudad de Boston y caminaron tímidamente hasta la oficina exterior del presidente de la Universidad de Harvard. De inmediato, la secretaria decidió que estos campesinos atrasados no tenían nada que hacer en Harvard. Ella frunció el ceño.

—Queremos hablar con el presidente —dijo el hombre con suavidad.

—Él va a estar muy ocupado todo el día —les dijo la secretaria con rudeza.

—Vamos a esperar —dijo la mujer.

Durante horas la secretaria no les prestó atención, esperando que se sintieran desilusionados y se fueran. Pero no se fueron. Gradualmente la secretaria se sentía frustrada, y finalmente decidió disturbar al presidente.

—Tal vez si los recibe por unos pocos minutos se irán— le dijo. Él suspiró exasperado y estuvo de acuerdo en recibirlos.

El presidente, con el rostro serio y un aire de superioridad, caminó hacia la pareja. La mujer comenzó a hablar.

—Nosotros tuvimos un hijo que asistió a Harvard durante un año. A él le gustaba mucho esta universidad y fue feliz aquí. Hace más o menos un año, murió en un accidente. Mi esposo y yo queremos construir un monumento en su memoria en algún lugar del predio universitario.

Al presidente no lo conmovió aquello.

—Señora —dijo en forma condescendiente—, no podemos poner una estatua por cada persona que asistió a Harvard y luego murió. Si lo hiciéramos, este lugar parecería un cementerio.

—Oh, no —explicó ella rápidamente—. No queremos erigir una estatua. Lo que queremos hacer es darle un edificio a Harvard.

El presidente puso los ojos en blanco. Le echó un vistazo al vestido de algodón y al gastado traje, y luego exclamó:

—¿Un edificio? ¿Tiene usted siquiera una noción de lo que costaría? En los edificios que hemos construido en Harvard invertimos más de siete millones y medio de dólares.

Por un momento, ella se quedó en silencio. El presidente estaba contento, ahora se podría deshacer de ellos. Pero entonces ella se volvió a su esposo y le preguntó:

—¿Es eso todo lo que cuesta comenzar una universidad? ¿Por qué no comenzamos una propia?

El esposo asintió con la cabeza y se fueron.

El rostro del presidente se ensombreció con confusión y perplejidad; el señor Leland Stanford y su esposa salieron del lugar y finalmente viajaron a Palo Alto, California, donde establecieron la universidad que lleva su nombre, en honor a la memoria del hijo a quien Harvard no le importaba.

El presidente de Harvard y su secretaria juzgaron al matrimonio Stanford por su «apariencia» y perdieron la oportunidad de una donación enorme. Esta historia (aunque no hemos podido verificar su autenticidad) señala la importancia de ver a la gente como Dios la ve y no juzgarla por la ropa que usan, donde viven, el automóvil que conducen o la forma en que hablan. En realidad es idea de Dios preocuparse por la gente sin importar lo que puedan dar o cómo se ven. Todo el mundo merece ser tratado con respeto y amabilidad. Usted *nunca* se va a arrepentir de ser amable.

Lo que hacemos solo por nosotros mismos muere cuando morimos nosotros; lo que hacemos por los demás no se puede medir en el tiempo. Nadie es más engañado o estafado que el que es egoísta.

> *Ningún hombre ha sido honrado jamás por lo que ha recibido. El honor ha sido la recompensa de lo que dio.*
>
> —Calvin Coolidge

Invierta en el éxito de otras personas. Cuando usted ayuda a alguien a subir una montaña, también se va a encontrar a sí mismo cerca de la cumbre.

El libro de Proverbios dice: «Hay quienes reparten y les es añadido más; y hay quienes retienen más de lo que es justo, pero vienen a pobreza. El alma generosa será prosperada; y el que saciare, él también será saciado» (11.24- 25).

> *Lo que di, lo tengo;*
> *Lo que gaste, lo tuve;*
> *Lo que guardé, lo perdí.*
>
> —Antiguo epitafio

Usted y yo fuimos creados para ayudar a los demás. Si trata a las personas como son, van a permanecer iguales. Si las trata como si fueran lo que podrían ser, pueden convertirse en lo que podrían ser. Practicar la regla de oro no es un sacrificio; es una inversión increíble.

Usted crece en la extensión de lo que da. Cuando da, se crea más lugar para crecer interiormente. Así que no dé hasta que le duela; dé hasta que se sienta bien. Haga este compromiso:

> *Voy a dejar a la gente mejor de lo que la encontré.*

Si usted quiere que otras personas mejoren, déjeles escuchar las cosas buenas que dice acerca de ellas. La gente lo va a tratar de la manera en que usted la ve a ella. Encuentre lo bueno en todo el mundo; haga que sus talentos y habilidades se destaquen. Para liderar a las personas, hágales saber que usted las apoya. Es tarea de todo líder hacerles difícil a los demás que hagan las cosas mal, y facilitarles que las hagan bien.

Lo que tiene más significado en la vida es lo que usted ha hecho por otras personas. La mayoría de la gente puede sonreír durante dos meses cuando le dicen cinco palabras de alabanza y le dan una palmadita de aprecio en la espalda. La mejor manera de alentarse a sí mismo es alentar a otra persona.

Los que les traen la luz del sol a otras personas no pueden evitar que brille en ellos.

—James Matthew Barrie

El cambio es algo que forma parte de nuestra vida

EL FALLECIDO ASTRONAUTA JAMES IRWIN dijo: «Tal vez usted piense que ir a la luna fue el proyecto más científico que jamás se hizo, pero literalmente nos "tiraron" en la dirección de la luna. Tuvimos que ajustar el curso cada diez minutos, y alunizamos solamente unos veinte metros dentro del radio de 800 kilómetros de nuestro blanco». En esa misión, cada cambio, no importa lo pequeño que fuera, era esencial para el éxito.

Max DePree aconseja: «Cuando no pueda cambiar la dirección del viento, ajuste las velas». No podemos llegar a ser lo que debemos permaneciendo donde estamos. A las personas no les gustan los cambios, sin embargo, es la única cosa que produce crecimiento. No hay nada tan permanente como el cambio.

Toda la gente quiere cambiar el mundo, pero nadie piensa en cambiarse a sí mismo.

Pobreza y vergüenza tendrá el que menosprecia el consejo; mas el que guarda la corrección recibirá honra.

—PROVERBIOS 13.18

El camino al éxito siempre está en construcción. No aceptar el presente crea un futuro. «Es mejor ser podado para crecer que cortado para quemar», dijo John Trapp. Un mal hábito nunca se va por sí mismo.

> [El cambio es] *siempre un proyecto de deshacer algo en uno mismo.*
>
> —ABIGAIL VAN BUREN

Las personas sabias algunas veces cambian de parecer, los necios nunca lo hacen. Esté dispuesto a cambiar sus planes. Es una señal de fortaleza hacer cambios cuando son necesarios.

Cuanto más tiempo está equivocada una persona, tanta más seguridad tiene que está en lo correcto, y tanto menos dispuesta está a los cambios. Defender sus faltas y sus errores solo prueba que usted no tiene intención de abandonarlos. *Un hombre obstinado no tiene opiniones, las opiniones lo tienen a él.*

Si no podemos inventar, por lo menos podemos mejorar. Una «idea nueva sensacional» es a veces una idea vieja que se ha puesto a trabajar. Si está ansioso de tener ideas, no apague su ansiedad. No le tema al cambio.

Casi toda la gente está a favor del *progreso;* pero lo que no les gusta es el *cambio.* Enfréntelo, el cambio permanente es una parte constante de la vida. La mayor parte de las personas están dispuestas a cambiar no porque ven la luz, sino porque sienten el calor.

Las buenas ideas todavía necesitan cambio, adaptación y modificación para prosperar y tener éxito. Henry Ford se olvidó de poner el cambio de marcha atrás en su primer automóvil (lo llevaría a un lugar, pero no podía dar marcha atrás si se había pasado del lugar). Muy poca gente se enteró de este descuido, pero debido a que lo cambió, hay muy pocas personas que *no* están enteradas de su éxito. No es probable que tenga crecimiento y éxito si siempre hace las cosas de la forma en que siempre las hizo. Cuando usted deja de cambiar, deja de crecer.

SUS PALABRAS REFLEJAN LO QUE CREE ACERCA DE SU FUTURO

C ONSIDERE EL CASO DEL HOMBRE del estado de Illinois que se fue de las calles llenas de nieve de Chicago para pasar unas vacaciones en Florida. Su esposa estaba en un viaje de negocios y planeaba encontrarse con él allí al día siguiente. Cuando llegó al hotel decidió enviarle un mensaje electrónico. Como no pudo encontrar el papel en donde había escrito el correo electrónico de ella, lo escribió de memoria lo mejor que pudo.

Desdichadamente, no puso una letra, y su nota fue dirigida a la anciana esposa de un predicador, cuyo esposo había muerto el día anterior. Cuando la triste viuda revisó sus correos electrónicos, miró la pantalla, dio un grito estremecedor y se desmayó. Cuando la familia escuchó el ruido, corrió al lugar y vio esta nota en la pantalla:

Queridísima esposa:
Me acabo de registrar. Todo está preparado para tu llegada mañana.
P.D. Hace un calor terrible aquí.

Lo que decimos y a quien se lo decimos hace una gran diferencia. La ignorancia siempre está ansiosa por hablar. El mejor momento para morderse la lengua es cuando usted siente que debe decir algo. No es probable que usted sea herido por algo que no ha dicho. Nunca juzgue la capacidad de una persona por lo que ve. *Alguna gente habla de su experiencia; otros, porque tienen experiencia, no hablan.*

Todos deberíamos observar a la naturaleza, nuestros oídos no se hicieron para cerrarse, pero la boca sí. Cuando un argumento se enciende, la persona sabia lo apaga con el silencio. El silencio es el arma principal de poder; también es uno de los argumentos más difíciles de disputar. Algunas veces, para ser escuchado, debe estar callado.

La persona que encuentra las cosas negativas, pocas veces encuentra algo diferente. Viva su vida como una exclamación, no dando explicación. Los niños nacen optimistas y luego el mundo trata lentamente de sacarlos de su «engaño». El hecho es que cuanto más se queja usted, menos obtiene. Una vida de quejas es el peor camino trillado. La diferencia entre ese camino y una tumba es un asunto de tiempo.

Algunas personas siempre encuentran lo malo en una situación. ¿Conoce usted a personas así? ¿Cuántos quejosos que han tenido éxito conoce? «Hombres pequeños con mentes pequeñas van a través de la vida en pequeños senderos trillados, resistiendo con presunción todos los cambios que podrían hacer vibrar sus pequeños mundos» (Anónimo). Las cosas pequeñas afectan las mentes pequeñas.

Solo para ver cómo se siente por las próximas veinticuatro horas no diga nada malo acerca de nadie o de nada. Mark Twain dijo:

> *La diferencia entre la palabra correcta y la palabra casi correcta es la diferencia que existe entre los relámpagos y la luciérnaga.*

¿Se ha convertido su sueño en su esperanza o en su excusa? No se queje, la bisagra que suena más, por lo regular es reemplazada.

El que habla sin ton ni son embota dos de sus sentidos más importantes: la vista y el oído. Muchas ideas buenas han sido apagadas por las palabras erróneas. No pase su vida de pie frente al mostrador de las quejas.

Un sabio y viejo búho estaba posado en un roble;
Cuanto más veía, menos hablaba;
Cuanto menos hablaba tanto más escuchaba;
¿Por qué no somos como la vieja y sabia ave?
—EDWARD H. RICHARDS

La persona que no espera nada nunca va a ser desilusionada

SEA INTRÉPIDO Y VALIENTE. Cuando mire hacia atrás en su vida, se va a arrepentir más de las cosas que no hizo que de las que hizo. Cuando se enfrente a una tarea difícil, actúe como si fuera imposible fracasar. Si va a escalar el Monte Everest, lleve la bandera norteamericana. Arriésguese, el que no se aventura no cruza el mar.

Vaya de mirar a lo que puede ver a creer en lo que puede tener. He aquí un consejo que cambia la vida: No emprenda un plan a menos que sea muy importante y casi imposible. No golpee ligeramente la pelota para que ruede muy poco; su meta debe ser tirarla fuera del campo de juego.

El hombre mediocre no cree serlo, pero Ronald E. Osborn recomienda: «Emprenda algo difícil, le hará bien. A menos que trate de hacer algo que vaya más allá de lo que ya ha dominado, nunca va a crecer».

No hacer más del promedio es lo que mantiene bajo el promedio.
—WILLIAM M. WINANS

Es difícil decir que algo es en realidad imposible, porque lo que damos por sentado hoy parecía imposible ayer. «*Imposible*», se dice que dijo Napoleón, «es una palabra que solamente se encuentra en el diccionario de los necios». ¿Cuáles son las palabras que se encuentran en su diccionario?

El que tiene miedo de hacer demasiado siempre hace demasiado poco. Para lograr todo lo que es posible, debemos intentar hacer lo imposible. Su visión debe ser más grande que usted. Aprenda a estar cómodo con grandes sueños.

Los mejores trabajos todavía no han sido encontrados. El mejor trabajo todavía no ha sido hecho. A menos que usted trate de hacer más de lo que puede hacer, nunca hará todo lo que puede. No escuche a los que dicen: «Eso no se hace así». No escuche a los que le dicen: «Estás tomando un riesgo demasiado grande». Desarrolle una capacidad infinita de pasar por alto lo que otros dicen que no se puede hacer. En el primer capítulo del libro de Josué, el Señor le dice tres veces a Josué: «Esfuérzate y sé valiente». Yo creo que Dios todavía nos dice eso a nosotros hoy.

Si Miguel Ángel hubiera pintado el piso en lugar del techo de la Capilla Sixtina, de seguro que la pintura ya habría sido borrada a esta altura. «Siempre apunte alto, a las cosas que van a hacer una diferencia, más bien que buscar el camino seguro de la mediocridad», dice Wes Roberts.

No se moleste con planes pequeños, porque no motivan a nadie (especialmente a usted). La persona que no espera nada nunca va a ser desilusionada. Después de que Roger Bannister rompiera el récord de velocidad en la carrera de una milla —la cual corrió en menos de cuatro minutos—, treinta y siete corredores lo hicieron dentro del primer año, y en dos años, *trescientos* corredores más habían logrado ese tiempo. Cuando pensamos en cosas grandes, afectamos a otras personas.

Las personas más desilusionadas del mundo son las que reciben lo que les viene y nada más. Hay muchas maneras de llegar a ser un fracasado, pero la que tiene más éxito es la de nunca tomar un riesgo.

CUANDO USTED AGRANDA LA VERDAD,
SIEMPRE LE VA A LASTIMAR

UNA NIÑA DE CUATRO AÑOS ESTABA EN LA OFICINA de su pediatra para un examen médico. El doctor le estaba examinando los oídos con un otoscopio cuando le preguntó: «¿Crees que voy a encontrar al pájaro grande amarillo aquí?» La niñita no respondió nada. A continuación el doctor tomó un aparato depresor para observarle la garganta. Le preguntó: «¿Crees que voy a encontrar al monstruo que come galletitas aquí?» De nuevo la niña guardó silencio. A continuación el doctor le auscultó el pecho con un estetoscopio. Mientras escuchaba, le preguntó: «¿Crees que voy a encontrar a Barney aquí?» La niñita le respondió: «Oh, no, Jesús está en mi corazón, Barney está en mi ropa interior».

Diga las cosas como son. Haga lo correcto. Dedíquese a la excelencia desde el principio. Ningún legado es más grande que la excelencia. La calidad de su vida va a estar en proporción directa a su dedicación a la excelencia, sin importar lo que usted escoja hacer.

Es algo raro en cuanto a la vida: si usted decide no aceptar sino lo mejor, muy a menudo lo obtiene.

—W. SOMERSET MAUGHAM

Toma menos tiempo hacer algo bien que explicar por qué lo hizo mal. No hay manera correcta de hacer lo incorrecto. «Existe una diferencia infinita entre un poco mal y lo correcto, entre lo bastante bueno y lo mejor, entre la mediocridad y la superioridad», dijo Orison Marden.

Cada día deberíamos preguntarnos: «¿Por qué me deberían dar ese trabajo a mí en lugar de a otra persona?» O: «¿Por qué la gente debería hacer negocio conmigo en lugar de mis competidores?» Frank Outlaw dice:

Vigile sus acciones; se convierten en hábitos. Vigile sus hábitos; se convierten en su carácter. Vigile su carácter; se convierte en su destino.

Para llegar a la excelencia, sea honesto. Aquellos que dicen mentiras piadosas, se vuelven incapaces de discernir entre la mentira y la verdad. Cuando usted estira la verdad, cuídese porque le va a lastimar. De nuevo: Una mentira no tiene nada en qué apoyarse, necesita otras mentiras. Tenga cuidado con las medias verdades; tal vez usted reciba la mitad equivocada.

Cada vez que usted es honesto, se impulsa a sí mismo hacia mayor éxito. Cada vez que miente, aun una mentirita piadosa, se impulsa a sí mismo hacia el fracaso.

Las fuerzas exteriores no controlan su carácter; usted lo controla. *La medida del verdadero carácter de una persona es lo que haría sabiendo que nunca lo descubrirán.*

En la carrera por la excelencia, no hay línea de llegada. Preocúpese más de su carácter que de su reputación. Su carácter es lo que usted en realidad es, mientras que su reputación es simplemente lo que otros creen que usted es.

«El que es bueno, infaliblemente va a llegar a ser mejor, y el que es malo, con igual certeza va a llegar a ser peor; porque el vicio, la virtud y el tiempo son tres cosas que no permanecen estáticas», dice Charles Caleb Colton. Hace poco vi una placa que decía:

La excelencia puede ser alcanzada si usted...
Se preocupa más de lo que la gente cree que es prudente,
Se arriesga más de lo que otros creen que es seguro,
Sueña más de lo que otros creen que es práctico,
Espera más de lo que otros creen posible.

La excelencia es contagiosa. ¡Comience una epidemia!

No deje que sus remordimientos reemplacen sus sueños

En la última parte del siglo diecinueve, cuando la iglesia metodista estaba celebrando su convención denominacional, un líder se puso de pie y compartió su visión para la iglesia y para la sociedad en general. Él les dijo a los ministros y a los evangelistas que creía que algún día los hombres volarían de un lugar a otros en vez de simplemente viajar a caballo. Era un concepto demasiado raro como para que la audiencia lo pudiera procesar.

Un ministro, el obispo Wright, se puso de pie y con enojo protestó: «¡Herejía!», gritó. «El vuelo está reservado solamente para los ángeles». El hombre continuó diciendo que si Dios hubiera querido que el hombre volara, le hubiera dado alas. Es claro que el obispo no pudo entender lo que el hombre estaba prediciendo.

Cuando el obispo Wright terminó su breve discurso de protesta, tomó a sus dos hijos, Orville y Wilbur, y salieron del auditorio. Sí, es cierto, sus hijos eran Orville y Wilbur Wright. Varios años más tarde, el 17 de diciembre de 1903, esos dos hijos hicieron lo que su padre dijo que era imposible hacer: Realizaron el primer vuelo humano (cuatro veces).

Ayer terminó anoche. Así que hoy tiene más valor mirar hacia delante y prepararse que mirar hacia atrás y lamentarse.

Un hombre no es viejo hasta que los remordimientos toman el lugar de los sueños.

—JOHN BARRYMORE

El remordimiento mira hacia atrás. La preocupación mira a su alrededor. La visión mira hacia arriba.

La vida puede ser entendida mirando hacia atrás, pero debe ser vivida mirando hacia delante. Si la historia pasada fuera todo lo que importa, las bibliotecarias serían las únicas personas de éxito en el mundo. El pasado solo debería mirarse con gratitud por las cosas buenas. Así que mire hacia atrás con gratitud y hacia delante con confianza. Su pasado es el inicio de su nuevo comienzo.

Considere lo que dijo Vivian Laramore Rader: «He cerrado la puerta al ayer y he tirado la llave, no le temo al mañana, porque he encontrado el hoy». Use el pasado como una pista de despegue, no como una silla para descansar en el porche. Los sueños sobre el futuro son más valiosos que la historia del pasado.

La experiencia es la respuesta de ayer a los problemas de hoy. Su pasado no es su potencial. Nunca construya su futuro basándose en su pasado. El pasado ha terminado. Para tener éxito, usted debe estar dispuesto a dejar parte de su vida previa.

Daniel Meacham advierte: «Mantenga la vista en el camino y solo use el espejo retrovisor para evitar problemas». Deje de viajar al pasado. No cometa el error de permitir que ayer use demasiado de hoy.

Es más valioso mirar adonde va que mirar adonde ha ido. No mire su futuro con solamente la perspectiva de ayer. Es demasiado fácil limitar todo y perjudicar el sueño que hay dentro de usted. «El pasado debería ser un trampolín y no una hamaca», dijo Edmund Burke. Usted nunca puede planear el futuro mirando el pasado. Aquellos a quienes el pasado les parece grande, no están haciendo mucho hoy.

Su futuro contiene más felicidad que cualquier cosa del pasado que pueda recordar. No mire a su pasado para determinar su futuro. Usted no puede caminar hacia atrás yendo al futuro. La verdadera desdicha se puede encontrar siendo una persona de ayer tratando de vivir en un mundo de mañana. No deje que sus errores pasados se conviertan en monumentos. Deberían ser cremados, no embalsamados.

Los que siempre hablan del pasado caminan hacia atrás. Los que hablan del presente por lo general se mantienen en el mismo lugar. Los que hablan del futuro crecen. Cuanto más mire hacia atrás, tanto menos va a ver lo que hay por delante.

Algunas personas permanecen tan lejos en el pasado que el futuro desaparece antes que lleguen allí. El futuro atemoriza solamente a los que prefieren vivir en el pasado. Nadie ha llegado a la prosperidad caminando hacia atrás. Usted no puede tener un mañana mejor si hoy está pensando en ayer. Ayer ha pasado para siempre y está fuera de nuestro control. Lo que está detrás de nosotros es insignificante comparado con lo que está por delante.

CONVIÉRTASE EN UNA AUTORIDAD
DE ALGUNA COSA

L A OPORTUNIDAD ESTÁ A SU ALREDEDOR. Lo importante es dónde pone su enfoque. Formúlese esta pregunta todos los días: «¿Dónde debería estar mi enfoque?» Usted crea fortaleza e impulso en el área en que enfoca la atención.

Estas son las características del impulso:

(1) Es resuelto;
(2) no vacila cuando persigue una meta;
(3) tiene una pasión que no conoce límites;
(4) demanda una intensidad concentrada y un sentido definido de destino; y lo más importante,
(5) tiene una visión ilimitada y una dedicación a la excelencia.

La concentración es la clave que abre la puerta a los logros:

La primera ley del éxito... es la concentración: llevar toda la energía a un punto, e ir directamente a ese punto, sin mirar ni a la izquierda ni a la derecha.

—WILLIAM MATTHEWS

Las personas de más éxito son las que se concentran, las que han puesto su esfuerzo máximo en un lugar, y han logrado su propósito. Tienen una idea específica, una meta firme y un propósito único y concentrado.

Hay una gran distancia entre los sueños de la mayoría de las personas y los resultados que obtienen; esto se debe a la diferencia en su compromiso de juntar todas las opciones de su habilidad y enfocarlas en un solo punto.

Hay dos formas rápidas de llegar al desastre: No recibir consejo de nadie y recibir consejo de todo el mundo. Aprenda a decirle no a lo bueno para poder decirle sí a lo mejor. A.P. Goethe dijo que para tener éxito, debemos saber tres cosas: «(1) qué eliminar; (2) qué guardar; (3) cuándo decir no, porque desarrollar el poder de decir no nos da la capacidad de decir sí».

Logramos cosas cuando dirigimos nuestros deseos, no cuando los pasamos por alto. Qué tremendo poder va a tener sobre su vida cuando posea objetivos definidos. Sus palabras, el tono de su voz, la forma en que se viste y sus mismos movimientos cambian y mejoran cuando usted comienza a vivir por una razón.

No sea alguien inseguro en cuanto al futuro y vago en cuanto al presente. Manténgase en el camino sin que llegue a ser una fosa. Haga que algo sea su especialidad; no puede encontrar algo hasta que no sepa lo que busca. Para terminar la carrera, manténgase en el camino.

Estoy sorprendido ante la falta de objetivo en la vida de la mayoría de las personas. Como resultado de su falta de enfoque, delegan la dirección de sus vidas a otras personas. No viva su vida de esa forma. En cambio:

> *Aprenda a definirse a sí mismo, a estar contento con algo específico y algún trabajo definido; atrévase a ser lo que en realidad es, y a aprender a aceptar, con gracia, lo que no es.*
>
> —Anónimo

USE SU TIEMPO Y SU ENERGÍA CREANDO, NO CRITICANDO

UNA MAESTRA DE PREESCOLAR ESTABA observando a su clase de niños mientras dibujaban, y caminaba a veces de un lado a otro para ver el trabajo de cada niño. Cuando llegó a una niñita pequeña que estaba trabajando con diligencia, le preguntó qué estaba dibujando.

La niña le respondió: «Estoy dibujando a Dios».

La maestra hizo una pausa y le dijo: «Pero nadie sabe cómo se ve Dios».

Sin perder ni un instante ni levantar la vista de su dibujo, la niña le respondió: «Lo van a saber dentro de un minuto».

Todas las personas que tienen impulso comparten una característica: Atraen las críticas. La manera en que usted responde a esas críticas determinará la calidad de su impulso. Hace poco estaba leyendo una historia destacada en la tapa de la revista *Time* sobre Billy Graham, y me sorprendió encontrar críticas severas sobre él de parte de colegas en el ministerio. Recordé este hecho: Todas las grandes personas reciben grandes críticas. Aprenda a aceptar y a esperar las críticas injustas por sus grandes metas y logros.

Puede ser beneficioso recibir críticas constructivas de parte de aquellos que quieren lo mejor para usted, pero usted no tiene la responsabilidad de responderles a los que no quieren lo mejor para usted. No invierta tiempo en un crítico; en cambio, invierta tiempo con un amigo. Me gusta lo que dijo Edward Gibbon:

Nunca cometo el error de discutir con personas cuyas opiniones no respeto.

Es mil veces más fácil criticar que crear. Es por eso que los críticos nunca resuelven ningún problema:

Cualquier necio puede criticar, condenar y quejarse, y la mayoría de ellos lo hacen.

—Dale Carnegie

Mi sentimiento es que la persona que dice que algo no se puede hacer no debería interrumpir a la que lo está haciendo. Recuerde, cuando le dan un puntapié desde atrás, quiere decir que usted está adelante. Un proverbio judío dice: «Un crítico es como una muchacha que no sabe bailar y dice que la orquesta no sabe tocar».

Los críticos saben las respuestas sin haber indagado lo suficientemente profundo como para saber las preguntas:

Un crítico es alguien que ha sido creado para alabar a hombres más grandes que él mismo, pero hasta ahora no los ha podido encontrar.

—Richard le Gallienne

El crítico está convencido de que el propósito principal de la luz del sol es dar sombra. Por lo general no cree en nada, pero quiere que usted le crea a él. Al igual que un cínico, siempre sabe «el precio de todas las cosas y el valor de ninguna de ellas» (Oscar Wilde). No pierda tiempo respondiéndoles a sus críticos, porque usted no les debe nada a ellos.

No se rebaje, sea grande y no sea crítico.

> *No tenemos el derecho moral de colocar nuestros estados anímicos en las vidas de aquellos que nos rodean y robarles así de su luz del sol y de su brillo, como tampoco tenemos derecho de entrar a sus casas y robarles sus cubiertos de plata.*
>
> —JULIA SETON

Cuando critica a otros, recuerde que está trabajando tiempo extra sin recibir pago.

Nunca tire barro. Si lo hace, tal vez le pegue al blanco, pero siempre va a tener las manos sucias. No sea una nube porque no pudo ser una estrella. En cambio: «Invierta tanto tiempo en mejorarse a sí mismo que no le quede tiempo para criticar a otras personas» (tomado del *Optimist Creed*). *Use su tiempo y su energía creando, no criticando.*

> *Algo bueno para recordar,*
> *Algo mejor para hacer:*
> *Trabaje con el equipo de construcción*
> *No con el equipo de demolición.*
>
> —ANÓNIMO

LO QUE NOS IMPULSA NO ES ALGO
QUE SIMPLEMENTE SUCEDE

La gente lo juzga a usted por sus acciones, no por sus intenciones. Tal vez usted tenga un corazón de oro, pero también lo tiene un huevo duro.

—GOOD READING

Mil palabras no van a dejar una impresión más duradera que una acción. Conecte sus buenas intenciones con acciones maravillosas. Si no lo hace, entonces en realidad no lo cree.

Algunas personas pasan todo el tiempo buscando lo que es justo, pero luego no parecen tener tiempo de practicarlo. Recuerde, saber lo que es justo hacer y luego no hacerlo está mal. La historia de su vida no se escribe con una lapicera, sino con sus acciones. No *hacer* nada es la manera de no *ser* nada.

La acción subyuga al miedo. «Cuando desafiamos nuestros temores, los dominamos. Cuando luchamos con nuestros problemas, ellos pierden su fuerza sobre nosotros. Cuando nos atrevemos a enfrentar las cosas que nos atemorizan, abrimos la puerta a la libertad personal» (Anónimo).

> *La idea común es que la motivación lleva a la acción, pero lo opuesto es cierto: La acción precede a la motivación.*
>
> —ROBERT J. MCKAIN

No espere a ser motivado: Michael Cadena dice: «Agarre al toro por los cuernos hasta que lo tenga rogándole misericordia».

La pereza es una carga. La expectativa es el ingreso del perezoso. Irónicamente, la pereza es persistente. Se mantiene sin irse, pero muy pronto llega a la pobreza. Nada es más extenuante que buscar maneras fáciles de ganarse la vida.

«No hay pereza que no traiga mil problemas» (adagio galés). Cuando tratamos de conseguir algo por nada es cuando somos más débiles. El libro de Proverbios dice: «El que labra su tierra se saciará de pan; mas el que sigue a los vagabundos es falto de entendimiento» (12.11).

«Evite la pereza. Es una herrumbre que se adhiere a la mayoría de los metales más brillantes» (François Voltaire). Henry Ford comentó una vez:

> *Usted no puede construir una reputación basándose en lo que va a hacer.*

Debemos ser como un cruce entre una paloma mensajera y un pájaro carpintero: No solamente llevamos el mensaje sino que golpeamos a la puerta.

Yo creo que vivimos en un mundo sin terminar para que podamos compartir los gozos y las satisfacciones de la creación. La creatividad es algo que ha sido colocado en cada uno de nosotros; es parte de nuestro diseño. Todos vivimos menos de la vida que fue diseñada para nosotros cuando escogemos no usar los poderes creativos que poseemos.

«Soy un gran aficionado a los sueños. Desdichadamente, ellos son la primera pérdida de la vida, las personas parecen abandonarlos por algo "real" con más rapidez que ninguna otra cosa» (Kevin Costner). Hans Selye observó:

La gente realista con metas prácticas, a la larga en la vida, pocas veces es tan realista o práctica como los soñadores que persiguen sus sueños.

Lo que usted necesita es una idea. Tenga la suficiente valentía como para vivir en forma creativa.

Un hombre de palabras y no de hechos es como un cantero de flores lleno de maleza. No deje que crezca alrededor de sus sueños. Solo soñar en la persona que le gustaría ser es malgastar la persona que es. No solo sueñe en grandes logros; permanezca despierto para alcanzarlos.

COMIENCE EN ALGUNA PARTE

EL PASTOR JOHNSON CONTESTA EL TELÉFONO.
—Hola, ¿estoy hablando con el pastor Johnson?

—Sí.

—Le hablo de la oficina de impuestos internos. ¿Nos puede ayudar?

—Sí.

—¿Conoce a Bill Wilcox?

—Sí.

—¿Es miembro de su congregación?

—Sí.

—¿Donó $10.000 dólares?.

—Los va a donar.

Usted puede hacer lo que puede hacer. ¿Qué es lo que da resultado? Trabaje en eso. No desee poder hacer cosas que no puede hacer. En cambio, piense en lo que puede hacer.

Todos los que han llegado adonde están tuvieron que comenzar donde estaban. Solo una persona de mil sabe en realidad cómo vivir en el presente. El problema es que muy pocas veces pensamos en lo que tenemos; en cambio, pensamos en lo que nos falta.

«No necesitamos más fuerza o más habilidad o una oportunidad más grande. Lo que necesitamos es usar lo que tenemos» (Basil Walsh). La gente siempre está pasando por alto algo que puede hacer y trata de hacer algo que no puede hacer. Aprender cosas nuevas no le va a ayudar a la persona que no está usando lo que ya sabe. El significado del éxito es hacer lo mejor posible con lo que se tiene.

Norman Vincent Peale dijo:

Todos hemos escuchado que tenemos que aprender de nuestros errores, pero yo creo que es más importante aprender de nuestros éxitos. Si usted solo aprende de sus errores, estará inclinado a aprender solamente errores.

De hecho, algunas personas pasan toda la vida fracasando y ni siquiera lo notan.

La cosa más importante que está mal en cuanto a no hacer nada es que usted nunca sabe cuándo ha terminado. Cuando usted deja de mejorar, deja de vivir. Use lo que sea que le ha sido dado, y mucho más le va a llegar. Nunca se conforme con algo que está bastante bien.

«Usted no puede controlar el tiempo, pero sí la atmósfera moral que lo rodea. ¿Por qué preocuparse por cosas que no puede controlar? Póngase a trabajar en las cosas que dependen de usted» (*In a Nutshell*). Orison Marden dice: «Un hombre fuerte y exitoso no es víctima de su medio ambiente. Él crea condiciones favorables». La persona que progresa es la que hace más de lo que es necesario, y sigue haciéndolo.

ATRÉVASE A ALCANZAR MÁS
ALLÁ DE SÍ MISMO

CASI SIEMPRE LA GENTE ESCOGE UN PROBLEMA que tiene el mismo tamaño que ellos y deja o pasa por alto los que son más grandes o más pequeños. Escoja un problema que es más grande que usted. «El éxito, el verdadero éxito, en cualquier logro demanda más de una persona que lo que la mayoría de la gente está dispuesta a ofrecer; pero no más de lo que son capaces de ofrecer» (James Roche).

El deseo de seguridad está en contra de cada sueño grande y virtuoso. Muchas veces la seguridad es el primer paso hacia el estancamiento. La osadía en la visión es la primera, segunda y tercera cosa en importancia. Si usted no se atreve a conseguir algo, entonces no debería esperar nada.

Christian Bovee afirmó: «Alguien que está satisfecho con lo que ha hecho nunca va a ser famoso por lo que hará». Si usted ha logrado todos sus planes, entonces no ha hecho suficientes.

Utilice su tiempo en algo que tiene significado. Atrévase a hacer lo que es correcto para usted. Escoja una meta por la cual está dispuesto a intercambiar una parte de su vida.

La manera más segura de encontrar la felicidad es perderse en una causa más grande que usted mismo. Va a ser desdichado si no trata de alcanzar algo que está más allá de usted mismo. Si Dios es su socio, haga *grandes* planes.

Es difícil decir lo que es imposible, porque el sueño de ayer es la esperanza de hoy y la realidad de mañana.

—Robert Goddard

Todas las grandes acciones son imposibles cuando no se realizan. Solamente después que una acción grande es realizada, le parece posible al hombre promedio.

Para los que piensan poco, todo les parece una montaña. Las cosas más grandes son, de cierta manera, las más fáciles de hacer porque no hay mucha gente compitiendo.

Si usted está completamente satisfecho consigo mismo, esa es una señal segura de que el progreso está a punto de terminar. Si está satisfecho de sí mismo, es mejor que cambie sus ideales. Gilbert Caplin dijo: «Cuánto mejor es saber que nos hemos atrevido a vivir nuestros sueños que vivir nuestra vida en un letargo de remordimientos».

Usted nunca va a tener éxito más allá de sus sueños más grandes a menos que tenga algunos sueños grandes.

«Zona de comodidad»

Yo solía tener una zona de comodidad
En la cual sabía que funcionaba bien;
Las mismas cuatro paredes de mucho trabajo
Que, en realidad, eran más bien una cárcel.

Yo anhelaba tanto hacer las cosas
Que nunca había hecho antes,
Pero me mantuve dentro de mi zona de comodidad
Y me quedé en el mismo lugar.

Me dije que no importaba,
Que yo no estaba haciendo mucho;
Y dije que no importaban algunas cosas
Como sueños, metas y todo lo demás.

Insistí en que estaba demasiado ocupado
Con las cosas dentro de esa zona,
Pero muy dentro de mí anhelé
Algo especial para mi vida.

No podía dejar que mi vida pasara,
Simplemente mirando a otros obtener victorias.
Contuve el aliento y salí afuera
Y dejé que el cambio comenzara.

Cuando di un paso con nuevas fuerzas
Que nunca había tenido antes,
Le di un beso «de despedida» a mi zona de comodidad,
Y cerré la puerta y le eché llave.

Si usted está en una zona de comodidad,
Temeroso de aventurar un paso afuera,
Recuerde que todos los ganadores
Una vez estuvieron llenos de dudas.

Un paso de fe y la Palabra de Dios,
Pueden hacer que sus sueños sean realidad.
Salude a su futuro con una sonrisa,
El éxito está a sus puertas esperándolo.

—AUTOR DESCONOCIDO; FUENTE DESCONOCIDA

LAS FUERTES CONVICCIONES PRECEDEN
A LAS GRANDES ACCIONES

E N SU LIBRO TITULADO *THE SOWER'S SEEDS*, Brian Cavanaugh cuenta la historia de cómo Edmund Hillary fue el primer hombre que escaló el Monte Everest. El 29 de mayo de 1953, él escaló la montaña más alta del mundo, que tiene casi nueve mil metros de altura sobre el nivel del mar. Fue nombrado caballero por sus esfuerzos. Inclusive filmó avisos comerciales de *American Express* debido a eso. Sin embargo, hasta que no leamos su libro *High Adventure*, no vamos a entender que Hillary tuvo que crecer para lograr el éxito. En el año 1952, trató de escalar el Everest pero fracasó. Unas pocas semanas más tarde un grupo en Inglaterra le pidió que les hablara a sus miembros.

Edmund Hillary salió al escenario y recibió un aplauso ensordecedor. La audiencia había reconocido su intento como algo grande, pero él se había visto a sí mismo como un fracasado. Se alejó del micrófono y caminó hasta el borde de la plataforma. Cerró el puño y señaló a una foto del monte, y dijo en voz alta:

Monte Everest, me derrotaste la primera vez, pero yo te voy a derrotar la próxima porque tú has crecido todo lo que vas a crecer... ¡y yo todavía estoy creciendo!

El mundo reconoce a la persona que tiene un propósito. Sus palabras y sus acciones demuestran que sabe adónde va. Usted ha sido hecho para conquistar circunstancias, resolver problemas e intentar alcanzar metas. No va a encontrar satisfacción verdadera o felicidad en la vida sin obstáculos que vencer, metas que alcanzar y un propósito que lograr.

Usted fue hecho a propósito y para un propósito. La gente dice que quiere riquezas; lo que necesitan es alcanzar logros y tener un propósito. La felicidad llega cuando nos abandonamos a nosotros mismos para alcanzar un propósito.

En su corazón hay un león durmiente que se llama *propósito*. Toda persona en el mundo tiene un destino. Realice su misión. Tenga un sentido definido de dirección y propósito en la vida. Las vidas de éxito están motivadas por un propósito dinámico.

Tan pronto como usted renuncia a su destino, su renuncia es aceptada de inmediato. Usted no tiene una buena estrella, tiene un propósito. Cuando mira hacia el futuro, verá que es tan brillante que le hace entrecerrar los ojos. Me alientan las palabras de George Eliot, que dijo:

Nunca es demasiado tarde para ser lo que podría haber sido.

Billy Sunday observó: «Más personas fracasan por falta de propósito que por falta de talento». Si su método es «hacer las cosas al azar», no le va a dar resultado, porque «si usted no está seguro de adónde va, es probable que termine en algún otro lugar» (Robert Mager).

No sea alguien que no sabe adónde va; camine por el camino correcto. Crecer por crecer es la ideología de la célula cancerosa. *Avance con un propósito definido.*

Lord Chesterfield escribió:

La firmeza de propósito es una de las características más necesarias del carácter y uno de los mejores instrumentos del éxito. Sin ella, el genio gasta sus fuerzas en un laberinto de incoherencias.

La persona que no tiene dirección es esclava de sus circunstancias. La persona más pobre no es la que no tiene dinero sino la que no tiene propósito. Sin propósito, la única cosa que usted puede hacer es envejecer.

David Burns da el siguiente consejo: «Si usted no tiene una visión para su vida, entonces es probable que no se haya enfocado en nada». Cuando no hay visión, tampoco puede haber un enfoque claro y constante.

Una vez que su propósito es claro, las decisiones le van a saltar a usted. «Cuando descubra su misión, va a sentir sus demandas. Lo va a llenar de entusiasmo y un deseo ardiente de trabajar en ella» (W. Clement Stone).

LA RECOMPENSA DE LA CONFORMIDAD ES QUE USTED LE GUSTA A TODO EL MUNDO PERO NO GUSTA DE SÍ MISMO

—RITA MAE BROWN

¿QUIERE DESTACARSE EN EL MUNDO? Entonces, sea usted mismo. Sea tal como es. Este es el primer paso para llegar a ser mejor de lo que es ahora.

Usted y yo nacimos iguales pero también diferentes:

Ninguna persona puede ser idealmente exitosa hasta que ha encontrado su lugar. Al igual que una locomotora, es fuerte en las vías pero débil en cualquier otro lugar.

—ORISON MARDEN

Escoja ser usted mismo.

Evite seguir a la multitud. Sea una locomotora, no un vagón de cola. Herman Melville escribió: «Es mejor fracasar siendo original que tener éxito imitando». *La gente promedio preferiría estar equivocada más bien que ser diferente.*

La conformidad es la enemiga del crecimiento y la satisfacción. ¿Sabía usted que ha sido destinado a ser diferente? Atrévase a ser diferente y siga su propio destino.

Formúlese las siguientes preguntas: Si trato de ser como él, ¿quién va a ser como yo? Si no soy yo, ¿quién voy a ser? Cuanto más desarrolla usted su potencial, tanto menos va a llegar a ser como alguien más. Mientras tanto más trate de ser como otra persona, lo mejor que puede llegar a ser es el número dos.

Tratar de ser como otro es contraproducente. Uno de los principales propósitos en la vida es dejar que su personalidad surja. Dependa de la sabiduría del libro de Romanos: Dios nos ha dado a cada uno de nosotros una habilidad para hacer ciertas cosas bien.

No podemos llegar a nuestro destino si tomamos el camino de otra persona. Si nunca camina excepto cuando ve las huellas de otra persona, no va a realizar nuevos descubrimientos para sí mismo.

> *No siga donde puede guiar la senda, en cambio, vaya adonde no hay un sendero y deje una pista.*
>
> —Desconocido

No sea una persona del montón. Ese tipo de persona no llega a ningún lado. Usted debe ser diferente para ser un campeón. ¿Se ha dado cuenta de que casi todas las personas de éxito son un poco diferentes? Su responsabilidad no es volverse a hacer a sí mismo sino hacer lo mejor posible de lo que ha sido hecho.

No se comprometa... usted es todo lo que usted tiene.

> *Casi todos los hombres malgastan parte de su vida tratando de mostrar ciertas cualidades que no poseen.*
>
> —Samuel Johnson

No deje que su vida sea una lucha constante para ser lo que no es y para hacer lo que no debería hacer.

«Cuanto más es usted como sí mismo, tanto menos va a ser como otra persona» (Walt Disney). Y cuanto más se parezca a Jesús, tanto más llegará a ser como se supone que sea. Usted es como un árbol; debe producir el fruto que ha sido creado en usted.

«YO SOLÍA SER INDECISO, PERO AHORA NO ESTOY SEGURO.»

¿DICE USTED ESO?

Las decisiones son lo que transforman una idea en una realidad. Su destino no es asunto de suerte; es un asunto de elección. Muchas personas tienen las metas correctas en la vida; pero no se deciden a alcanzarlas. Usted debe saber lo que quiere para obtenerlo.

Harvey Cox dijo: «No decidir es decidir». Las malezas crecen con facilidad en la tierra de la indecisión. Salga del medio del camino. Pararse en medio del camino es muy peligroso; lo atropellan vehículos que vienen en las dos direcciones. El tren del fracaso corre por las vías de la indecisión.

Debido a la indecisión, usted puede morir antes de estar realmente muerto.

La indecisión debilita; se nutre de sí misma; se puede decir que forma hábito. No solo eso, sino que también es contagiosa; se transmite a otras personas.

—H. A. HOPF

Un hombre que tiene un solo reloj, sabe la hora; un hombre que tiene dos relojes nunca está bien seguro de qué hora es. Hasta que usted no esté completamente comprometido, existe la vacilación y la oportunidad de retirarse, seguidas de la ineficiencia. Escuche lo que dice. Si se escucha decir: «He decidido», se encuentra en la senda hacia una vida emocionante y productiva.

Los líderes tienen voluntades, no solamente deseos. Cuanto más grande sea el grado de ilusiones, tanto mayor será el grado de mediocridad. Las personas débiles siempre se ven forzadas a decidir entre alternativas que otros han colocado delante de ellas en lugar de las que ellas han escogido para sí mismas. Este estilo de vida lo va a dejar desdichado; sin embargo, considere lo que dice Mike Murdock:

Usted no tiene derecho a quejarse de lo que permite.

La persona sabia toma sus propias decisiones; la ignorante sigue la opinión pública. No se preocupe en cuanto a no tomar una decisión; alguien más la tomará por usted. Usted está donde se encuentra hoy debido a las elecciones que ha hecho y a las que no ha hecho.

El hombre promedio no sabe qué hacer con su vida, y sin embargo quiere otra que dure eternamente.
—ANATOLE FRANCE

Los resultados y el éxito siguen a la dedicación y a las decisiones. El resultado es que una persona decidida logra más que cien con solo un interés.

Sea decisivo aun si significa que algunas veces se va a equivocar. Una clave para su futuro es que usted todavía puede elegir, todavía puede decidir. Lo que se comprometa a ser lo va a cambiar de lo que es a lo que puede ser. La decisión determina el destino.

Cuando caiga, aproveche
para recoger algo

CUALQUIER PERSONA QUE ESTÁ ACTUALMENTE LOGRANDO algo en la vida está simultáneamente arriesgándose al fracaso. El fracaso es a menudo el primer paso necesario para el éxito. Si no nos arriesgamos a fracasar, no tenemos oportunidad de tener éxito. Cuando estamos tratando, estamos ganando. Babe Ruth dijo: «Nunca deje que el temor de que lo saquen del juego por no batear pelotas buenas se interponga en su camino» (solamente un jugador, Hank Aaron ha bateado más *jonrones* que Babe Ruth, pero setenta jugadores han tenido más eliminaciones).

El error más grande que puede cometer en la vida es tener temor constante de cometer un error.

> *No tenga temor de fracasar. No gaste energía tratando de cubrir un fracaso. Si usted no está fracasando, no está creciendo.*
> —H. STANLEY JUDD

Las personas exitosas dejan de crecer y de aprender cuando están cada vez menos dispuestas a arriesgarse. El fracaso es una demora, no una derrota. Todos cometemos errores, *especialmente* las personas de acción. De nuevo, las personas que nunca son desilusionadas son las que no esperan nada.

Deje de tratar de ser perfecto. Cuando tenga una decisión seria que tomar, dígase firmemente que va a tomarla. No espere que sea perfecta. Me encanta la sabiduría de Winston Churchill:

> *El adagio que dice «Nada es de provecho salvo la perfección, puede ser deletreada p-a-r-á-l-i-s-i-s».*

Henry Ward Beecher escribió: «No me gustan esas personas frías, precisas, perfectas que para no decir algo mal, nunca hablan, y para no hacer algo mal, nunca hacen nada». La búsqueda de la excelencia es gratificante y saludable; la búsqueda de la perfección es frustrante, infructuosa y superflua.

El hecho es que usted es como una bolsita de té: Nunca va a saber la fuerza que tiene hasta que haya pasado por el agua caliente. Los errores son algo que podemos evitar cuando no decimos nada, no hacemos nada y no somos nada.

> *Recuerde que existen dos beneficios del fracaso. Primero, si usted fracasa sabe lo que no da resultado; y segundo, el fracaso le da una oportunidad de tratar un nuevo enfoque... La mayor parte de la gente piensa en el éxito y en el fracaso como cosas opuestas, pero en realidad son productos del mismo proceso.*
> —ROGER VON OECH

Algunas derrotas son solo anticipos a la victoria. Henry Ford declaró: «Aun un error puede resultar ser lo que se necesitaba para un logro notable». Algunas personas aprenden de sus errores; otras nunca se recobran de ellos. Aprenda a fracasar en forma inteligente. Desarrolle éxito del fracaso.

Es mejor fracasar haciendo algo que distinguirse por no hacer nada. Los errores y los fracasos son dos de los escalones más seguros que llevan al éxito. La estación de su fracaso es el mejor tiempo para plantar las semillas del éxito.

No importa los errores que haya cometido —no importa el enredo que haya hecho de las cosas—, todavía puede hacer un nuevo comienzo. La persona que se da cuenta de esto cabalmente, sufre menos por la conmoción y el dolor del fracaso, y puede comenzar de nuevo con más rapidez.

—NORMAN VINCENT PEALE

Las personas de éxito no le tienen miedo al fracaso. Van de uno a otro hasta que finalmente logran el éxito. Una de las mejores formas de acelerar su éxito es doblar su promedio de fracasos. La ley del fracaso es una de las más poderosas de todas las leyes del éxito.

SEA EL PRIMERO EN PERDONAR

SI QUIERE VIAJAR LEJOS Y CON RAPIDEZ, viaje liviano. Desempaque toda su envidia, amargura, resentimiento, odio y temor. Nunca rechace el perdón o la oportunidad de perdonar. La persona débil nunca puede perdonar porque eso es una característica de una persona fuerte. Lawrence Sterne dijo: «Solo los valientes saben perdonar... Un cobarde nunca perdona; no es parte de su naturaleza».

Vivir una vida sin perdonar es lo mismo que dejar puesto el freno de mano cuando usted conduce su automóvil. No se puede avanzar mucho. Hace que vaya más despacio y pierda el impulso. Uno de los lujos más grandes que se puede dar es no perdonar a alguien. Un resentimiento profundamente arraigado en su vida carcomerá su tranquilidad al igual que un cáncer, que mata destruyendo un órgano vital. De hecho, hay pocas cosas más tristes que se pueden ver que una persona que ha guardado gran rencor durante mucho tiempo.

Cuando usted vive una vida sin perdonar, por lo general la venganza es lo que sigue. La venganza es engañosa. Parece dulce, pero es realmente amarga. Siempre cuesta más vengarse de un mal que soportarlo. Nunca puede ganar tratando de empatar el resultado.

Su necesidad más profunda y su logro más alto es perdonar. Sin perdón, la vida es gobernada por un ciclo sin fin de resentimiento y represalias. Qué triste desperdicio de energía. «El que no ha perdonado a un enemigo nunca ha gustado de uno de los placeres más sublimes de la vida», declaró Johann Lavater. El perdón es la llave a la paz personal. El perdón lo deja en libertad a usted y al mismo tiempo crea libertad.

Uno de los secretos de una vida larga y fructífera es perdonar a todo el mundo todas las cosas todas las noches antes de acostarse. Perdonar a los que lo han ofendido es una clave para la paz personal. Peter Von Winter dijo: «Castigar es humano, perdonar es divino». Cuando usted lleva una carga pesada por no perdonar, pierde el equilibrio. Cuando usted deja de alimentar un resentimiento, este muere. El perdón es una cosa sorprendente, le trae calor a su corazón y enfría el escozor de la picadura.

Es mucho mejor perdonar y olvidar que odiar y recordar. Lo que en realidad importa es lo que pasa en nosotros, no a nosotros. Josh Billings dice:

No existe una venganza tan completa como el perdón.

Richard Nixon afirmó: «Los que lo odian no ganan, a menos que usted los odie a ellos, y entonces usted se destruye a sí mismo». *La falta de perdón bloquea las bendiciones; el perdón deja que fluyan.*

¿Quiere usted dejar ir al pasado y reclamar el futuro? Aplique el consejo de Paul Boese:

Perdonar no cambia el pasado, pero agranda el futuro.

Usted puede estar equivocado aun estando en lo cierto si no perdona a alguien. «Si se queja el tiempo suficiente para que le den la razón, entonces va a estar en un error» (proverbio judío).

No queme puentes; se sorprenderá de las veces que tiene que cruzar sobre el mismo río. No perdonar es sin sentido, pero cuando perdonamos hacemos que el futuro sea posible. Usted va a comenzar el día con el pie derecho si se pregunta a diario: «¿A quién debo perdonar?»

La gente que se arriesga es la que lo va a derrotar

—John Scully

Usted y yo somos como una liga elástica: somos más útiles cuando nos estiran. Solo podrá obtener logros en proporción a lo que trata de hacer. La razón por la que se logra tan poco es porque se intenta hacer tan poco.

> *Trate de alcanzar la luna; aun si no lo logra va a estar entre las estrellas.*
>
> —Les Brown

«No es porque las cosas son difíciles que no nos atrevemos a hacerlas; es porque no nos atrevemos a hacerlas que las cosas son difíciles» (Séneca). La definición de imposible: «Algo que nadie puede hacer hasta que alguien lo hace». Nunca diga nunca. Usted tiene que tener pensamientos grandes para ser grande.

El hecho es que es divertido hacer lo imposible. Cuando vamos sobre lo seguro, creamos la inseguridad más grande. Por lo tanto, mire a las cosas *como pueden ser*.

Usted no usa los talentos que hay dentro de sí mismo hasta que no intenta hacer lo imposible. El riesgo es parte de todo plan de éxito: «Las mentes mediocres por lo general descartan todo lo que va más allá de su propio entendimiento» (Francois de la Rochefoucauld).

Calvin Coolidge dijo: «No necesitamos más poder intelectual, necesitamos más poder espiritual. No necesitamos más cosas que se ven, necesitamos más de las cosas que no se ven». El apóstol Pablo les dijo a los filipenses:

> *Con la ayuda de Cristo, que me da fortaleza y poder, puedo realizar cualquier cosa que Dios me pida realizar* (Filipenses 4.13, La Biblia al Día).

Busque maneras de ejercitar su músculo del riesgo. Todo el mundo tiene un músculo del riesgo, y usted lo mantiene en la forma adecuada cuando experimenta y trata de hacer cosas nuevas. Muerda más de lo que puede tragar.

Robert Schuller declara: «Las personas que son en realidad fracasadas son las que colocan sus normas muy bajas, ponen la barra a una altura tan segura, que nunca corren el riesgo de fracasar». A menos que usted entre a la colmena no puede sacar la miel.

El barco grande requiere aguas profundas. Si usted no se atreve a hacer algo, no tenga esperanzas de nada. El progreso siempre involucra riesgo. Usted no puede robar la segunda base en el béisbol si tiene el pie en la primera. El que no se aventura no cruza el mar.

MÁS BENDECIDO ES DAR...
QUE NINGUNA OTRA COSA

A nadie le importa lo que usted sabe hasta que saben que usted es alguien a quien le importan las personas.

—THEODORE ROOSEVELT

La vida se parece mucho a un juego de tenis. Los que no sirven terminan perdiendo.

Un hombre le preguntó al doctor Karl Menninger: «¿Qué le aconsejaría hacer a una persona que sintiera que está por darle un colapso nervioso?» La mayoría de la gente esperaba que respondiera: «Que vaya a ver a un psiquiatra». Para gran sorpresa, la respuesta de él fue: «Que cierre su casa con llave, que vaya a la parte más baja de la ciudad, y que encuentren a alguien que tenga necesidades y que haga algo por esa persona».

La Madre Teresa advirtió: «A menos que la vida se viva para otros, no vale la pena vivirla. Una vida centrada en sí misma es totalmente vacía». Si usted está descontento con lo que le ha tocado en la vida, use lo que le ha tocado para *servir* a otros. Una buena manera de olvidarse de sus problemas es ayudar a otras personas a salir de los de ellas.

Servir a otros no es algo totalmente generoso, porque el que da siempre recibe. El libro de Proverbios dice: «A su alma hace bien el hombre misericordioso; mas el cruel se atormenta a sí mismo» (11.17). Piense en las preguntas que le van a formular cuando su vida esté por terminar en la tierra. Nathan Schaeffer dice:

> *La pregunta no será «¿Cuánto es lo que tiene?», sino «¿Cuánto es lo que ha dado?» Tampoco «¿Cuánto ha ganado?», sino «¿Cuánto ha hecho?» No será «¿Cuánto ha ahorrado?», sino «¿Cuánto se ha sacrificado?» Va a ser «¿Cuánto ha amado y servido?» y no «¿Cuántos honores ha recibido?»*

Antes de buscar una forma de recibir, busque una de dar. W.E. Gladstone comentó: «El egoísmo es la peor maldición de la raza humana». El interés propio es un fuego que consume a otros y luego se consume a sí mismo.

Casi toda nuestra desdicha es el resultado del egoísmo. Piense en lo que otra persona quiere, no solo en lo que usted quiere. Es absolutamente cierto que usted puede tener más éxito y lograrlo con más rapidez cuando ayuda a otros a tenerlo.

> *La medida de la vida no se encuentra en su duración, sino en su donación. Todos pueden ser grandes porque todos pueden servir.*
>
> —PETER MARSHALL

Cuando usted sirve a otros, la vida tiene significado.

«Una cosa sé; los únicos entre ustedes que van a ser realmente felices son los que han buscado y encontrado la forma de servir» (Albert Schweitzer). Usted no puede ayudar a otra persona sin ayudarse a sí mismo.

«*El frío de adentro*»

Seis personas fueron atrapadas
En la oscuridad y un frío terrible.
Cada una poseía un pedazo de madera,
Según es lo que se dice.

El fuego que moría necesitaba madera,
Pero la primera mujer no ofreció su madera,
Porque de las caras alrededor del fuego
Ella notó que una era negra.

El siguiente hombre mirando con cuidado
No vio a nadie de su iglesia,
Y no pudo decidirse a dar
Su trozo de madera.

El tercer hombre sentado en andrajosas ropas;
Se trató de abrigar ajustándose el abrigo.
¿Por qué gastar su madera
Para calentar a un hombre rico?

El rico simplemente meditó
En las riquezas que tenía guardadas,
Y en la forma de no compartirlas
Con los hombres que no hacían nada.

La cara del hombre negro habló de venganza
Mientras el fuego se alejaba de su vista,
Por todo lo que vio en su pedazo de madera
Fue una oportunidad de molestar al blanco.

Y el último hombre de este triste grupo
No hacía nada si no era por ganancia.
Les daba solo a los que le daban a él,
Y así era como vivía.

Los pedazos de maderas todavía apretados en sus manos heladas
por la muerte
 fueron la prueba del pecado humano.
No murieron por el frío de afuera sino que murieron por el frío
de adentro.

—Anónimo

LA COMPARACIÓN NO PRUEBA NADA

Hay dos cosas que todo hombre debe hacer por sí mismo: Debe creer sus propias creencias y morir su propia muerte.

—MARTÍN LUTERO

Cuando usted se compara con otras personas, se va a amargar, envanecer o ambas cosas, siempre va a haber gente mejor o peor que usted.

Hacer comparaciones es un camino seguro hacia la frustración. Joan Welch dijo: «Usted no puede limpiar su propio terreno mientras cuenta las piedras que hay en la granja de su vecino». Lois Cory meditó: «Tal vez el césped sea más verde del otro lado del cerco, pero es probable que haya mucho más césped que cortar». Las colinas tal vez parezcan pequeñas y verdes cuando usted las mira de lejos.

Otra vez: Es un derroche de tiempo y energía comparar su vida con la de otras personas. La vida es más agradable cuando usted no mantiene puntaje comparándola con la de otra gente. El éxito es simplemente un asunto de hacer lo que usted hace mejor y no preocuparse acerca de lo que otra persona va a hacer.

Dentro de sí mismo usted lleva el éxito y el fracaso. No depende de condiciones externas. El éxito en la vida de otra persona no perjudica las posibilidades de éxito en su vida.

Formúlese la pregunta que hizo Earl Nightingale: «¿Está motivado usted por lo que en realidad quiere de la vida o está motivado por las masas?» Asegúrese de que decide lo que usted en realidad quiere, y no lo que otra persona quiere para usted. ¿Dice usted: «Soy bueno, pero no tanto como debería ser», o hace comparaciones y dice: «No soy tan malo como mucha otra gente»?

Cuanto más piensa usted en las debilidades de otra persona, tanto más afecta su propia mente con desdicha. Usted debe crear su propio sistema y su propio plan, o alguien más lo va a limitar. Lo que sucede en la vida de otra persona, ya sea bueno o malo, no tiene nada que ver con cómo le va a usted en la suya. Si yo me comparo a John Grisham, nunca más voy a escribir otro libro; si me comparo a Adolfo Hitler, creeré que soy un santo.

No crea que seguramente está en el buen camino porque es uno muy trillado. El mayor riesgo en la vida es esperar en y depender de otras personas para su propia seguridad y satisfacción. No se mida a sí mismo con la vara de medir de otra persona. No se evalúe a sí mismo a través de los ojos de otro.

INVIERTA EN OTRAS PERSONAS

HACE MUCHOS AÑOS, ELIZABETH BALLARD relató la historia de una maestra de escuela primaria que se llamaba la señora Thompson. De pie frente a su clase de quinto grado el primer día de clases, ella les dijo una mentira a los niños. Miró a los alumnos y les dijo que los amaba a todos igual. Pero eso era imposible, porque en la primera fila, con los hombros caídos, había un pequeño llamado Teddy Stoddard.

La señora Thompson había observado a Teddy el año anterior y había notado que no jugaba bien con los otros niños, que sus ropas estaban descuidadas y que precisaba un baño. Y Teddy podía ser desagradable. Llegó al punto en el cual a la señora Thompson le gustaba marcar sus tareas con un lapicero rojo, con X, y luego con una *F* en la parte superior del trabajo.

En la escuela donde enseñaba la señora Thompson, se les requería a los maestros que revisaran los registros anteriores de sus alumnos, y ella dejó el de Teddy para el final. Sin embargo, cuando leyó su archivo, se sorprendió mucho.

La maestra de primer grado de Teddy había escrito: «Teddy es un niño muy inteligente, y ríe con facilidad. Hace su trabajo con pulcritud y tiene buenos modales... Es muy agradable estar cerca de él».

Su maestra de segundo grado escribió: «Teddy es un alumno excelente, todos sus compañeros gustan de él, pero se siente perturbado porque su madre tiene una enfermedad mortal, y su vida en el hogar debe ser muy dificultosa».

Su maestra de tercer grado escribió: «La muerte de su madre debe de haber sido muy difícil para él. Trata de hacer lo mejor que puede, pero su padre no muestra mucho interés, y su vida en el hogar lo va a afectar pronto si no se toman algunas medidas».

La maestra de cuarto grado de Teddy escribió: «Teddy es retraído y no muestra mucho interés en sus estudios. No tiene muchos amigos y a veces se queda dormido en la clase».

A esta altura la señora Thompson se dio cuenta de cuál era el problema, y se sintió avergonzada de sí misma. Se sintió aun peor cuando sus alumnos le trajeron regalos de Navidad envueltos en papel brillante y con hermosas cintas, excepto el de Teddy. Su regalo estaba envuelto en forma descuidada con papel de una bolsa de las que se usan para comestibles. La señora Thompson abrió el regalo de Teddy cuando había abierto la mitad de los otros regalos. Algunos de los niños comenzaron a reírse cuando ella encontró un brazalete de piedras de imitación al que le faltaban algunas de las piedras, y un frasco de perfume que solamente tenía un cuarto del líquido. Pero ella apagó las risas cuando dijo que el brazalete era muy hermoso mientras se lo ponía, y colocaba algo del perfume en su muñeca.

Teddy Stoddard se quedó después de terminadas las clases el tiempo necesario para decirle a su maestra: «Señora Thompson, hoy usted olía exactamente como mi mamá». Después de que los niños se fueron, ella lloró por lo menos durante una hora. Ese mismo día ella dejó de enseñar a leer, a escribir y matemáticas. En cambio, comenzó a enseñarles a los niños.

La señora Thompson le prestó atención particular a Teddy. Mientras trabajaba con él, la mente del niño pareció cobrar vida.

Cuanto más ella lo alentaba, tanto más rápidamente él respondía. Para cuando llegó el final del año, Teddy se había convertido en uno de los niños más destacados de la clase, y a pesar de su mentira de que ella amaría a todos los niños por igual, Teddy se convirtió en uno de sus «preferidos».

Un año más tarde, ella encontró una nota de Teddy debajo de la puerta, en la que le decía que ella era todavía la mejor maestra que había tenido en su vida. Pasaron seis años antes de que recibiera otra nota de Teddy. Él le escribió y le dijo que había terminado la secundaria ocupando el segundo lugar en su clase, y que ella era todavía la mejor maestra que él había tenido en toda su vida.

Cuatro años después, recibió otra carta en la que le decía que aunque las cosas le habían resultado difíciles algunas veces, él había continuado estudiando, había perseverado, y muy pronto se graduaría de la universidad con los honores más altos. Él le aseguró a la señora Thompson que todavía era la mejor maestra que había tenido en su vida.

Entonces pasaron cuatro años más y ella recibió otra carta. Esta vez le explicaba que después de haber obtenido su bachillerato, él había decido continuar estudiando más. La carta le explicaba que ella era todavía su mejor maestra y la que él prefería entre todos los maestros que había tenido. La carta estaba firmada así: Theodore F. Stoddard, doctor en medicina.

La historia no termina aquí. Porque hubo una carta adicional esa primavera. Teddy decía que había conocido a una muchacha y que se iba a casar. Le explicó que su padre había fallecido hacia unos dos años, y él se preguntaba si la señora Thompson no estaría de acuerdo en sentarse en la boda en el lugar que por lo general se sienta la madre del novio en la iglesia. Por supuesto que la señora Thompson lo hizo. Ella usó el brazalete, el que le faltaban algunas piedras. Y se aseguró de usar el mismo perfume que Teddy recordaba que su madre había usado la última Navidad que habían pasado juntos.

Ellos se abrazaron, y el doctor «Teddy» Stoddard le susurró en el oído a la señora Thompson: «Muchas gracias, señora Thompson, por creer en mí. Muchas gracias por hacerme sentir importante y mostrarme que puedo hacer una diferencia».

Con lágrimas en los ojos, la señora Thompson le susurró: «Teddy, te has equivocado. Tú eres el que me enseñó a mí que *yo* podía hacer una diferencia. Yo no sabía enseñar hasta que te conocí a ti».

Una de las decisiones más importantes que usted puede tomar es buscar oportunidades para invertir en otras personas. Para mí, este ha sido uno de los principios más poderosos que han impulsado mi vida y que he implementado. Hace unos diez años, viajando en automóvil con mi familia desde la ciudad de St. Louis a Tulsa, estaba escuchando un casete de Zig Ziglar. Zig afirmaba:

> *Usted siempre va a tener todo lo que quiere en la vida si ayuda a suficientes personas a obtener lo que ellas quieren.*

Cuando escuché esa declaración, literalmente, algo ocurrió dentro de mí, y dije en voz alta: «Lo voy a hacer». Esa decisión de buscar formas de ayudar a otras personas, de invertir en ellas, ha cambiado mi vida.

Yo creo que una de las señales de la verdadera grandeza es desarrollar grandeza en otras personas:

> *Hay tres claves para vivir una vida más abundante: Preocuparse por otras personas, atreverse a creer en otras personas y compartir con otras personas.*
>
> —WILLIAM WARD

He encontrado que las personas realmente grandes tienen una perspectiva distintiva de que la grandeza no ha sido colocada en ellas para quedarse allí sino para fluir a través de ellas a otros. Norman MacEwan dijo: «Nos ganamos la vida con lo que hacemos, pero nuestra vida está hecha por lo que damos». Asígnese a sí mismo el propósito de hacer que otros sean felices y tengan éxito.

La gente por lo general llega a ser lo que usted la alienta a que sea. Ralph Waldo Emerson observó: «Confíe en los hombres y ellos van a ser justos con usted; trátelos con grandeza, y ellos se mostrarán grandes». Goethe aconsejó:

Trate a la gente como si fueran lo que deberían ser y ayúdelos a llegar a ser lo que son capaces de ser.

Lo que alabamos, ayudamos a que aumente. No hay ninguna inversión que usted pueda hacer que le pague tan bien como cuando invierte a través de su vida en el progreso de otra persona. B.C. Forbes dice: «La persona que presta servicio real en un asunto humilde va a ser elegida para responsabilidades más altas, al igual que el siervo de la Biblia que multiplicó el talento dado por su maestro y le dieron diez ciudades para que gobernara».

Hay dos clases de personas en el mundo: las que entran a un cuarto y dicen: «¡Aquí estoy!», y las que entran y dicen: «¡Oh, ahí estás tú!» ¿Cómo puede reconocer a una persona buena? Una buena persona hace resaltar la bondad en otros. Encuentre la felicidad ayudando a otros a encontrarla.

Una buena obra paga dividendos. Usted no puede tomar una luz y alumbrar el camino de otra persona sin iluminar el suyo. Desarrolle la grandeza en otras personas. Levante a las personas, no las empuje hacia abajo.

Allan McGinnis dice: «No hay una ocupación más noble en el mundo que ayudar a otro ser humano: Ayudar a alguien a alcanzar el éxito».

El verdadero significado de la vida es plantar árboles bajo cuya sombra usted no espera cobijarse.
—Nelson Henderson

El uso más grande que puede hacer de su vida es usarla en ayudar a alguien o a algo que va vivir más que usted: «Si no puede ganar, haga que el que va delante de usted bata el récord» (Jan McKeithen). Invierta en otras personas. Paga grandes dividendos.

El tiempo vuela, así que no lo deje escapar

No SEA UNA PERSONA QUE DICE: «Listo, apunten... apunten... apunten...» No le pegue al hierro cuando está frío. Tan pronto como se presenta una oportunidad, ¡no la deje escapar! No importa lo pequeña que pueda ser la oportunidad, ¡aprovéchela!

Haga lo que debe hacer cuando debería ser hecho, ya sea que tenga ganas de hacerlo o no. «El que vacila pierde la luz verde, lo chocan por detrás, y pierde el lugar de estacionarse» (Herbert Prochnow).

Una de las creencias más engañosas de los que viven una vida sin frutos es que hoy no es un día importante. Cada día nos llega trayendo regalos. Desate la cinta, rompa el papel y abra la caja. Escriba en su corazón todos los días: Hoy es el mejor día del año.

Para cuando la persona que vacila ha aprendido a jugar el juego, los jugadores se han dispersado y las reglas han cambiado. Aproveche la oportunidad cuando y donde se le presenta. La vida está hecha de constantes llamados a la acción.

John Maxwell observa: «Los lideres de éxito tienen el valor de ponerse en acción, cuando otros vacilan». Usted nunca va a saber lo que puede hacer hasta que comience. Recuerde, en el instante en que dice: «Abandono», otra persona está viendo la misma situación y está diciendo: «Oh, ¡qué oportunidad tan grande!»

En realidad, las oportunidades no se pierden, alguna otra persona recoge las que nosotros hemos perdido. Un secreto para tener éxito en la vida es estar listo cuando llega la oportunidad. La habilidad no tiene valor a menos que se aproveche la oportunidad.

El tiempo vuela. Usted debe ser el piloto: «Todas las cosas le vienen al que trabaja con ahínco mientras espera» (Thomas Edison). He observado que la gente productiva avanza durante el tiempo que otros desperdician. Use el momento sin dilación.

Es más tarde de lo que usted cree. Esté listo ahora. El reloj despertador de la vida no tiene un dispositivo que sonará de vuelta en diez minutos. No hace ningún bien «ponerse de pie y darse por enterado», si usted se sienta tan pronto como la oportunidad pasa de largo. Mírela, agárrela y tome una decisión. Usted pospone su vida cuando no puede tomar una decisión.

William Ward tiene esta receta para el éxito:

Estudie mientras otros duermen; trabaje mientras otros holgazanean; prepárese mientras otros juegan; y sueñe mientras otros solo desean.

No hay otro tiempo como el presente, y no hay presente como el tiempo. Los que se aprovechan de las oportunidades favorables tienen ventaja. No vaya a encontrarse al final de su vida diciendo: «¡Qué vida maravillosa he vivido. Ojalá que me hubiera dado cuenta antes!»

Si espera, tal vez sea
demasiado tarde

UNA VEZ, HACE MUCHO TIEMPO, el diablo decidió destruir
el mundo. Él llamó a todos sus pequeños diablos para hacer
planes. Enojo vino primero y le pidió que le dejara hacer ese trabajo haciendo enojar hermano contra hermano. Él haría que la gente
estuviera disgustada una contra otra y se destruyeran a sí mismos.
Luego llegó Lujuria y ofreció hacer el trabajo. Ella corrompería las
mentes, haciendo que la gente se volviera en bestias causando que
el amor desapareciera. A continuación, Codicia habló y ofreció destruir a la humanidad con la más destructora de las pasiones: Los
deseos incontrolados. Glotonería y Borrachera ofrecieron enfermar
a los cuerpos y las mentes, y luego destruirlos. Pereza, Odio y
Envidia también dijeron que cada uno podía llevar a cabo la tarea.

El diablo no estaba satisfecho con ninguno de ellos, pero
entonces llegó el último ayudante. Él dijo: «Les voy a hablar a las
personas en forma persuasiva acerca de todo lo que Dios quiere
que ellas sean. Les diré que sus planes de ser honestos, limpios y
valientes son muy buenos. Los voy a alentar sobre los propósitos
buenos de la vida». El diablo estaba estupefacto escuchando esas
palabras. Sin embargo, el ayudante continuó: «Pero les voy a decir

que no hay apuro. Ellos pueden hacer todas estas cosas mañana. Les voy a aconsejar que esperen hasta que las condiciones sean más favorables antes de comenzar». El diablo respondió: «¡Tú eres el que irá a la tierra y destruirá la raza humana!» El nombre del ayudante era Postergador.

La estrategia de más éxito para el fracaso es la dilación, postergar las cosas. *Ahora* es el mejor tiempo para estar vivo y ser productivo. Si usted quiere hacer que un trabajo fácil parezca difícil, lo que tiene que hacer es continuar postergándolo.

> *Todos somos fugitivos, y las cosas que no hicimos ayer son los perros de caza.*
>
> —PRISM

Joseph Newton dijo: «Una tarea que se evita hacer es como una deuda impaga; solamente ha sido diferida y por último tenemos que venir y arreglar la cuenta».

¿Qué es lo que detiene a la gente?

> *Hay algunos entre nosotros que siempre estamos «a punto» de vivir. Esperamos hasta que las cosas cambien, hasta que haya más tiempo, hasta que no estemos tan cansados, hasta que obtengamos una promoción, hasta que nos hayamos adaptado; hasta, hasta, hasta. Siempre parece que hay otro evento de importancia que debe ocurrir en nuestra vida antes de comenzar a vivir.*
>
> —GEORGE SHEEHAN

Uno de estos días en realidad es *ninguno* de estos días. El dulce «tiempo futuro» nunca llega. La gente que desea pero que no actúa, muy pronto se va a encontrar paralizada. Hacen tanto progreso como un témpano de hielo.

La única cosa que le llega a una persona que pospone las cosas es la vejez. Haga hoy lo que quiere posponer hasta mañana:

> *No permita que la ociosidad lo engañe; porque mientras que usted le da hoy, ella le roba mañana.*
>
> —CROWQUILL

Si usted corre en el mismo lugar, todos lo van a pasar. Nada cansa tanto como la eterna carga de un trabajo no terminado.

Cuando una persona tiene el hábito de desperdiciar el tiempo, se asegura de gastar el tiempo que no le pertenece. Ben Franklin dijo: «Un día, hoy, vale dos mañanas». Lo que puede hacerse en cualquier momento no va a ser hecho en ningún momento. «La vida es como un taxi, el contador sigue marchando ya sea que usted vaya a algún lugar o se quede en un lugar» (Lou Erickson). La persona de éxito hace las cosas que otros nunca se deciden a hacer. Lo que el necio hace al final, la persona sabia lo hace al principio.

Sam Slick aconsejó: «No se quede temblando en la orilla, zambúllase inmediatamente y acabe el asunto». Mañana es el día más ocupado de la semana. Si hay una colina que escalar, no crea que esperar la va a hacer más pequeña.

Una persona fracasada da cien pasos porque no dio un paso en el momento apropiado. Si es posible, tome la decisión ahora, aun cuando la acción sea en el futuro. Una decisión revisada por lo general es mejor que una a la que se llegó en el último momento.

> *El necio, con todos sus otros pensamientos, también tiene este: Siempre está alistándose para vivir.*
>
> —Epicuro

El que no le presta atención al director, muy pocas veces va a dirigir la orquesta. Ataque el aplazar una decisión eliminando todas las excusas y las razones para no tomar una acción decisiva e inmediata.

> *«Mañana viviré», dice el necio; mañana mismo es demasiado tarde; el sabio vivió ayer.*
>
> —Martial

Arthur Brisbane señaló: «Mientras que el necio disfruta de lo poco que tiene, yo voy a tratar de obtener más. La forma de obtener más es utilizar sus momentos libres... El hombre que siempre está pasando el tiempo sin un propósito, en realidad está desperdiciando sus propias posibilidades en la vida».

LA EXCELENCIA NUNCA ES
UNA SORPRESA

LOS PASAJEROS DE UN AVIÓN comercial estaban sentados y esperaban que la tripulación de la cabina hiciera despegar la nave.

Se escucha un murmullo desde la parte de atrás del avión, y algunos de los pasajeros miran hacia atrás para ver al piloto y al copiloto, caminando hacia la cabina y usando unos lentes para el sol muy oscuros y grandes.

Sin embargo, el piloto camina con un bastón blanco, chocando con los pasajeros mientras pasa por el pasillo, y el copiloto camina con un perro que guía ciegos. Mientras avanzan a lo largo de las filas de pasajeros, se escuchan risitas nerviosas, y la gente piensa que debe ser una broma pesada.

Pero unos pocos minutos después de que la puerta de la cabina ha sido cerrada detrás de ellos, los motores comienzan a marchar y el avión empieza a rodar hacia la pista de despegue.

Los pasajeros se miran unos a otros con un poco de inquietud, susurrando entre ellos y acomodándose en los asientos con nerviosismo o agarrando los brazos de los asientos con más fuerza. Mientras el avión comienza a acelerar con más velocidad, la gente empieza a ser presa del pánico.

Algunos pasajeros oran, y a medida que el avión se acerca más y más al final de la pista de despegue, los pasajeros se vuelven más y más histéricos.

Finalmente, cuando a la aeronave le quedan solo unos pocos segundos de pista, los gritos de terror llenan la cabina del avión mientras todos gritan al unísono, pero en el último instante, el avión despega y se eleva en el aire.

En la cabina de la tripulación, el copiloto da un suspiro de alivio y le dice al piloto: «¿Sabes? uno de estos días la gente va a gritar demasiado tarde y todos nos vamos a matar».

A veces usted puede dejar que la contemporización vaya demasiado lejos antes de gritar en contra de ella; ¿cuán lejos está dispuesto a ir usted?

Comience cada tarea pensando en la forma de hacerla mejor que nunca. William Danforth exhorta: «Comience una cruzada en su vida para atreverse a ser lo mejor que pueda». Conviértase en una persona por la cual se mida la calidad. Haga lo correcto sin importar lo que otros piensen.

Como hemos visto, W. Somerset Maugham dijo: «Es algo extraño de la vida; si usted decide que solo va a aceptar lo mejor, con frecuencia lo recibe». Piense solo en lo mejor, trabaje solo en lo mejor y espere solo lo mejor. La excelencia nunca es un accidente. Thomas Edison ordenó: «Hay una forma de hacer algo mejor... encuéntrela».

Siempre hay una manera excelente de hacer las cosas. Henry Ward Beecher aconsejó: «Hágase a sí mismo responsable por un estándar más alto del que los demás esperan de usted. Nunca se excuse». La mayor parte de la gente no está acostumbrada a un ambiente donde se espera la excelencia.

Aquellos que en su naturaleza tienen esa demanda imperativa por lo mejor; aquellos que no aceptan nada menos que eso, son los que llevan el estandarte del progreso, que colocan las pautas y los ideales para los demás.

—Orison Marden

La gente siempre va a determinar su carácter observando las cosas que usted defiende y las cosas por las que cae.

No busque el éxito, busque la excelencia y los encontrará a los dos. Trabaje para llegar a ser, no para obtener. Haga lo mejor que pueda, y deje que los resultados lleguen por sí mismos. La gente es rara; gastan el dinero que no tienen para comprar cosas que no necesitan para impresionar a personas de las que no gustan. El éxito no se encuentra en lograr su meta sino en poner la meta en lo que debería lograr.

> *Dichoso el hombre que no cede a la tentación, porque un día ha de recibir la corona de vida que Dios ha prometido a los que lo aman.*
> —SANTIAGO 1.12, LA BIBLIA AL DÍA

Afortunadamente, la perfección no es la mejor alternativa a la mediocridad. Una alternativa más sensata es la excelencia. Tratar de obtener la excelencia más bien que la perfección, es estimulante y recompensador; buscar la perfección en casi todas las cosas es frustrante e ineficaz. Pablo dice:

> *Les aconsejo que obedezcan sólo la voz del Espíritu Santo. Él les dirá a dónde ir y qué hacer. Procuren no obedecer los impulsos de nuestra naturaleza pecadora.*
> —GÁLATAS 5.16, LA BIBLIA AL DÍA

La excelencia humana no significa nada a menos que trabaje con la aprobación y el poder de Dios.

Siempre hay una gran demanda por la mediocridad nueva, no ceda a ella. En cambio, satisfágase fácilmente con lo mejor. Cuando esté dando lo mejor es cuando se va a sentir con más éxito. Ted Engstrom aclara: «La excelencia demanda que usted sea mejor que sí mismo». Nunca venda sus principios por la popularidad o se va a encontrar en bancarrota en un día malo. Atrévase a ser fiel a lo que sabe que es lo mejor.

LAS OPORTUNIDADES SE OCULTAN
DETRÁS DE LOS OBSTÁCULOS

LA DISTANCIA NORMAL ENTRE LOS RIELES DE LAS vías del ferrocarril en los Estados Unidos es 4 pies, 8,5 pulgadas (1,43 m aproximadamente). Ese es un número muy extraño. ¿Por qué se usó esa medida? Porque esa era la forma en que se construían en Inglaterra, e inmigrantes de ese país fueron los que construyeron el sistema de ferrocarriles en los Estados Unidos. ¿Por qué los construyeron así los ingleses? Porque las primeras líneas de ferrocarril fueron construidas por las mismas personas que construyeron los tranvías que precedieron al ferrocarril, y esa era la medida que usaron.

¿Por qué usaron «ellos» esa medida? Porque la gente que construyó los tranvías usaron los mismos patrones y herramientas que empleaban para construir las carretas, las que tenían ese espacio entre las ruedas. ¡Está bien! ¿Por qué tenían las carretas esa medida particular tan extraña en las ruedas? Porque si usaban cualquier otra medida, las ruedas de la carreta se romperían en algunos de los viejos y largos caminos de Inglaterra, ya que ese era el espacio de los surcos de las ruedas.

¿Así que quién construyó esos antiguos caminos con surcos? Los primeros caminos largos en Europa (y en Inglaterra) fueron construidos por los romanos para sus legiones imperiales. Esos caminos se han usado desde entonces. ¿Y los surcos? Los carros romanos de guerra hicieron los surcos iniciales, y todo el mundo debía hacerlos igual por temor a destruir sus carruajes y sus ruedas. Puesto que los carros de guerra eran hechos para (o por) el Imperio Romano, eran todos iguales en cuanto al espacio entre las ruedas.

Así que tenemos la respuesta a nuestra primera pregunta. La medida estándar en los Estados Unidos entre los rieles de ferrocarril es 4 pies, 8,5 pulgadas porque viene de la especificación original de un carro de guerra romano. Pero, ¿por qué usaron los romanos esa medida? Sus carros de guerra eran hechos lo suficientemente anchos como para acomodar la parte de atrás de dos caballos.

Y ahora, el cambio al cuento...

Hay un aspecto interesante en cuanto a la distancia entre los rieles del ferrocarril y la parte trasera de los caballos. Cuando vemos una nave espacial en la plataforma de lanzamiento, hay dos cohetes aceleradores colocados a ambos lados del tanque de combustible principal. Esos son cohetes aceleradores sólidos, o como se les llama en la industria «SRB».

La compañía Thiokol hace esos SRB en su planta en el estado de Utah. Los ingenieros que diseñaron estos cohetes tal vez hubieran preferido hacerlos un poco más anchos, pero estos SRB tenían que ser enviados por ferrocarril desde la fábrica hasta el lugar de lanzamiento. Las vías del ferrocarril pasaban por un túnel a través de las montañas. Los SRB tenían que caber en ese túnel. Dicho túnel es apenas un poco más ancho que las vías del ferrocarril, y estas son tan anchas como las partes traseras de dos caballos.

Así que, el diseño más importante de lo que es sin duda el sistema más avanzado de transporte fue determinado por el ancho de la parte trasera de un caballo (tomado de los archivos humorísticos de la Internet).

Los obstáculos son parte de la vida y muchas veces llevan a excelentes oportunidades. No todos los obstáculos son malos. De hecho, la forma favorita en que una oportunidad se presenta es disfrazada de obstáculo. Siempre va a encontrar obstáculos en el camino a su respuesta. La pelea es buena; prueba que no ha desistido y que todavía está vivo.

Nadie es inmune a los problemas. Hasta el león tiene que luchar con las moscas. El apóstol Pablo lo dijo mejor:

Estamos acosados por problemas, pero no estamos aplastados ni vencidos. Nos vemos en apuros, pero no nos desesperamos. Nos persiguen, pero Dios no nos abandona nunca. Nos derriban, pero no nos destruyen interiormente.

—2 Corintios 4.8-9, La Biblia al Día

Ser una persona diligente no lo remueve a usted del mundo y de sus problemas; más bien, lo coloca en posiciones de vivir de forma productiva y victoriosa. Thomas Carlyle dijo: «El bloque de granito que era un obstáculo en el paso de alguien débil se convierte en un escalón en el paso de una persona fuerte».

¡Buenas noticias! En medio de toda prueba, hay crecimiento y avance para usted. Cada desafío provee una oportunidad para crecer, no para morir.

Los obstáculos lo pueden hacer desviar del camino temporalmente, pero solo *usted* puede hacer que *usted* se detenga. Su lucha puede ser duradera, pero no va a durar para siempre. Está mal pensar que no hay nada más permanente como esta situación temporal.

Los obstáculos van a revelar lo que usted cree realmente y quién es usted realmente. Lo van a hacer conocerse a sí mismo. Va a averiguar lo que en realidad cree cuando enfrenta un problema.

En mis viajes me he dado cuenta de que no importa lo nublado que esté el día cuando el avión despega, sobre las nubes el sol siempre brilla. ¡Mire hacia arriba! No es «como se ve» una cosa, sino mirar «hacia arriba» lo que cuenta.

Su vida va a ser mucho más productiva si entiende que los obstáculos son parte de la vida. Si usted quiere un lugar de prominencia, espere algunos sinsabores. Studs Terkel dijo: «Póngase de frente a la música y algún día dirigirá la orquesta». La diferencia entre el hierro y el acero es el fuego, y el acero probado por fuego vale la pena.

Invente algo o mejórelo

TODO PROGRESO SE DEBE a aquellos que no estuvieron satisfechos con dejar las cosas como estaban. «Las bellotas fueron buenas hasta que se encontró el pan», dijo Francis Bacon. La mayoría de la gente fracasa por su falta de persistencia en crear nuevos planes para mejorar los que han tenido éxito.

Si usted no puede pensar en una idea nueva, encuentre una forma de mejorar una idea vieja. «Si no podemos inventar, por lo menos podemos mejorar», dijo Charles Caleb Colton.

No busque la respuesta para su problema; busque muchas respuestas y luego escoja la mejor. Haga más de lo que le piden, y continúe haciéndolo. «La diferencia entre ordinario y extraordinario es ese poco extra», dice Zig Ziglar.

Siempre hay una forma de hacer algo, y luego hay una forma mejor. Cuando usted ha encontrado algo, busque de nuevo. Nunca se deja de asistir a la escuela. Cuanto más desea una cosa, tanto más va a tratar de mejorarla.

El peor enemigo de lo mejor es lo bueno. Si está satisfecho con lo bueno, nunca va a encontrar lo mejor.

Lo que cuenta es lo que usted aprende después que lo sabe todo.
—JOHN WOODEN

El hombre que cree que ha aprendido todas las cosas lo que ha hecho es dejar de pensar. Si usted cree haber llegado, va a ser dejado atrás. El hombre de éxito continúa buscando trabajo después de que ha encontrado empleo.

Tome la ofensiva. Haga que algo suceda. No desperdicie el tiempo defendiendo su situación actual. Créese el hábito de tomar la iniciativa y nunca comience el día en punto muerto. No deje que lo que es bastante bueno sea lo que rija. Si al principio no tiene éxito, trate algo con más empeño.

Muéstreme un hombre que está totalmente satisfecho y yo le mostraré un fracasado.
—THOMAS EDISON

«Hay dos clases de personas que nunca llegan a mucho», le dijo Cyrus H.K. Curtis a su socio Edward Bok.

«¿Y cuáles son?», le preguntó el socio.

«Los que no pueden hacer lo que les piden que hagan», respondió el famoso editor, «y los que no pueden hacer ninguna otra cosa».

Encuentre una forma de hacer las cosas mejor, y luego mejórela.

LAS CRÍTICAS SON UN ELOGIO CUANDO USTED ESTÁ HACIENDO LO CORRECTO

UNA MUJER ACOMPAÑÓ A SU ESPOSO AL DOCTOR. Después de examinarlo, este llamó a la esposa a su oficina para hablarle a solas. Él le dijo: «Su esposo tiene una enfermedad seria, combinada con un estrés terrible. Si usted no hace lo que le diré a continuación, de seguro que su esposo va a morir. Todas las mañanas, prepárele un desayuno saludable. Sea agradable y asegúrese de que él esté de buen humor. Para el almuerzo hágale una comida nutritiva. Para la cena, prepárele una comida especial. No lo cargue con tareas en el hogar, porque es probable que él haya tenido un día difícil. No hable de sus problemas con él; porque eso solo va a empeorarle el estrés. Y, lo más importante, satisfaga cada uno de sus caprichos. Si usted puede hacer esto por los próximos diez meses a un año, creo que su esposo va a recobrarse por completo».

Camino al hogar, el hombre le preguntó a su esposa: «¿Qué dijo el doctor?»

«Que te vas a morir», le respondió ella.

¿Se ha sentido alguna vez así después de haber estado alrededor de algunas personas? ¿Se siente peor? ¿Tiene ganas de desistir?

Todas las grandes ideas crean conflicto. En otras palabras, lo que usted quiere hacer en la vida va a crear desafíos y criticismo. Decida hoy: No voy a abdicar a mis sueños y entregárselos a las críticas ruidosas.

Parece que cada idea fantástica tiene este orden de respuestas:

(1) «Es imposible, no malgastes ni el tiempo ni el dinero».
(2) «Es imposible, pero tiene un valor limitado».
(3) «Siempre dije que era una buena idea».

Los enemigos y los críticos nunca están interesados en resolver el problema, y nunca ofrecen una solución mejor. Es como un hombre sin brazos que les enseña a otras personas a tirar.

Si su cabeza sobrepasa a la multitud, espere más críticas que aplauso. ¿Se ha dado cuenta de que nadie jamás le hace una estatua a un crítico?

Una persona que critica a otros *frente* a usted, lo va a criticar a usted *delante* de los demás. Si un individuo lo rebaja, está solo tratando de cortarlo a la medida de él. Mientras tiran barro, los críticos pierden terreno en forma simultánea.

Usted siempre se puede dar cuenta de que una persona ha fracasado por la forma en que critica a los que tienen éxito. Los que pueden, son los que hacen. Los que no pueden, critican. Los que se quejan de la forma en que rebota la pelota, son los que usualmente la dejaron caer.

Solo se les tiran piedras a los árboles que dan fruto. Si no fuera por las personas que hacen cosas, muy pronto los críticos no tendrían trabajo. La envidia produce el barro que el fracaso le tira al éxito. Kenneth Tynan lo dice de esta forma:

Un crítico es un hombre que cree que sabe el camino pero que no sabe conducir el automóvil.

Las mentes estrechas son las primeras que condenan las grandes ideas.

Si las personas hablan de usted en forma negativa, viva y trabaje de forma que nadie les crea. El temor al criticismo es el beso de despedida en el galanteo del logro.

La única forma de eliminar las críticas es no hacer nada y no ser nadie. Si usted les teme a las críticas, no va a lograr mucho. Un hombre de éxito es alguien que puede colocar una base firme con los ladrillos que otros le arrojan.

La envidia les tira a otras personas y se hiere a sí misma

IMAGÍNESE A UN CORREDOR que marcha a toda velocidad. Pasa a una cantidad de competidores, pero luego comienza a mirar a los que corren en la carrera. ¿Cuál es la conclusión inevitable de esta escena? El corredor va a aminorar la marcha y es probable que tropiece. Lo mismo nos va a ocurrir a nosotros si permitimos que la distracción de la envidia nos haga volver la cabeza mientras corremos la carrera que tenemos puesta por delante. En lugar de romper un récord, lo que vamos a romper es nuestra concentración.

«El hombre que codicia siempre es un hombre pobre» (Claudian). La envidia nunca hace rico a nadie.

> *De todas las pasiones, los celos son los que dan el peor servicio y la paga más amarga. Su servicio es observar el éxito de nuestro enemigo; su paga es asegurarse de él.*
>
> —CHARLES CALEB COLTON

La envidia es como morder a un perro porque el perro lo mordió a usted. He aquí una descripción exacta de su autocastigo: «La envidia les tira a otras personas y se hiere a sí misma» (dicho inglés). El libro de Proverbios aconseja: «El corazón apacible es vida de la carne; mas la envidia es carcoma de los huesos» (14.30). Al igual que el óxido consume al hierro, la envidia se consume a sí misma.

La envidia le quita el gozo, la satisfacción y el propósito a la vida. Si se le permite crecer, engendra odio y venganza. La venganza convierte a algo que está un poco bien en algo completamente erróneo. ¡Tenga cuidado! Es un apetito que nunca es saciado.

«El amor no es ciego, los celos son ciegos» (Lawrence Durrell). La envidia ve el mar, pero no las rocas.

Cuando un envidioso escucha que alaban a otro, se siente herido.
—Proverbio inglés

Josh Billings observa: «El amor mira por un telescopio, la envidia por un microscopio». Subestimamos o exageramos lo que no poseemos. Su vida es demasiado valiosa para malgastarla queriendo lo que otros tienen.

Alguna gente parece saber vivir las vidas de otros, pero no la propia. La envidia es el deseo consumidor de que todos los demás tengan un poco menos de éxito que usted. No mida su éxito por lo que otros han o no han hecho. En otras palabras, no trate de arreglar las cuentas con sus enemigos ni de progresar más que sus amigos.

La envidia es un enorme desperdicio de energía mental. Absténgase de ser envidioso, o va a ser la raíz de la mayor parte de las cosas que lo hacen desdichado. La codicia es el tributo que la mediocridad paga al logro.

Un hombre es sabio cuando no anhela tener lo que no tiene sino que en cambio es agradecido por lo que tiene. Si continuamente compara lo que quiere con lo que tiene va a ser desdichado. En cambio, compare lo que merece con lo que tiene, y va a ser muy feliz. Decida dedicarse a ser agradecido. La envidia es una carga demasiado pesada de llevar.

Los verdaderos ganadores
continúan ganando

¿Cuánta gente que tiene gran potencial ha conocido usted? ¿Hasta dónde han llegado? Si la gente que tiene gran potencial se detiene, es porque no construyen sobre sus victorias. Hay dos oportunidades bien marcadas en las cuales es más probable que una persona desista: después de un error y después de una victoria. El éxito ha convertido a muchas personas en fracasos.

Una vez que está moviéndose, puede continuar haciéndolo. ¿Dejó de tirar Michael Jordan después de lograr su primer punto? ¿Dejó de escribir John Grisham después de haber publicado su primer éxito de librería? La gente de éxito sabe que cada victoria compra un boleto de entrada a una oportunidad más desafiante.

Uno de los beneficios más grandes del éxito es la oportunidad de hacer más. John Wicker observó: «Las oportunidades se multiplican cuando las aprovechamos. Mueren cuando son descuidadas. La vida es una larga línea de oportunidades». Cuanto más hace, tanto más puede hacer.

Tal vez sea bueno que no haya visto que todos sus sueños se volvieron realidad. Porque cuando usted recibe todo lo que desea, va a ser desdichado. La clave de seguir avanzando es estar siempre queriendo alcanzar más, estar insatisfecho.

—NORTH CAROLINA CHRISTIAN ADVOCATE

No estoy sugiriendo que no se detenga para disfrutar de algo a lo largo del camino, como el perfume de las rosas. Lo que digo es que no se quede tanto tiempo después de la victoria que los pétalos de las rosas se caigan, las ramas hayan sido podadas, y lo único que quede sean las espinas.

El primer paso para ir a un lugar importante es decidir que no se va a quedar donde está ahora. Cuando usted obtiene una victoria, el dinero y la comodidad van a seguir, pero no confunda la comodidad con el gozo ni el dinero con el éxito.

No es lo que obtiene lo que hace que tenga éxito; más bien, es lo que usted continúa haciendo con lo que ha obtenido lo que mide su éxito. Lo quiero repetir: La persona que está satisfecha con lo que ha hecho nunca llegará a ser famosa por lo que hará.

Recuerde que esta es la vida que tiene:
Mañana habrá mucho más que hacer.
El fracaso espera a quienes se quedan
Con los logros de ayer.

—ANÓNIMO

EL ENTUSIASMO SALE DE ADENTRO

MI ESPOSA Y YO DECIDIMOS IR A TOMAR CAFÉ a un famoso restaurante que se especializa en hacer panqueques. Cuando entramos, nos saludó una camarera amistosa, feliz y sonriente. No nos llevó mucho tiempo darnos cuenta de que ella solamente tenía un diente. En la parte de arriba y en el medio. Yo pensé: *Esto es muy interesante. He aquí una mujer con un solo diente y trabaja en un trabajo que requiere mucho contacto de cerca con la gente. Ella está sonriendo y hace un buen trabajo.*

Entonces noté un prendedor que estaba usando con esta inscripción: «Una sonrisa es un regalo que puede dar todos los días». Qué escena tan profunda fue esa. Me impactó tanto que le comenté que me gustaba la inscripción y con sinceridad le dije que tenía una sonrisa bonita. Me pregunto si alguna otra persona le habrá dicho eso.

Cuando ella regresó a nuestra mesa, me dijo que su padre era el que había escrito en caligrafía lo que decía su prendedor. Ella dijo: «Él perdió los dedos en un accidente de trabajo y decidió estudiar caligrafía *después de eso*». En realidad, la letra del hombre era mejor ahora que antes de la tragedia.

Tal vez solamente una mujer que había sido criada por un padre que le faltaban los dedos y quien hace caligrafía, podría escoger sonreír aunque solo tuviera un diente.

El entusiasmo hace que todo sea diferente. Usted no puede controlar lo que dura un día, pero puede controlar su impacto al agregarle entusiasmo y diversión. Cuando usted sienta entusiasmo por la vida, la vida lo ha entusiasmado a usted.

William Ward dijo: «El entusiasmo y la persistencia pueden hacer de una persona promedio una persona superior; la indiferencia y el letargo pueden hacer de una persona superior una promedio». No posponga el gozo. En cambio, sea como la Mona Lisa, sigue sonriendo aunque tiene la espalda contra la pared.

Si de noche se encuentra cansado como un perro, tal vez sea porque ha ladrado todo el día. Aprenda a reírse de sí mismo. Una persona que tiene un buen sentido del humor tal vez aburra a los demás, pero es muy raro que ella misma tenga un momento de aburrimiento.

> *De todas las cosas que Dios creó, a menudo estoy muy agradecido*
> *de que haya creado la risa.*
>
> —CHUCK SWINDOLL

El buen humor es a la vida lo que los amortiguadores son a los automóviles. ¡Gracias a Dios por los amortiguadores cuando transitamos por caminos llenos de baches!

Una de las cosas más poderosas que usted puede hacer para tener influencia en otros es sonreírles. Usted nunca está completamente vestido hasta que pone una sonrisa en su rostro. ¡Es la mejor cirugía plástica facial!

Una sonrisa es una ventaja; el ceño fruncido es una desventaja. Algunas personas sonríen y aguantan una situación; otras sonríen y la cambian. Sonreír —ser feliz y entusiasta— siempre es una elección, no un resultado. Mejora su personalidad y la opinión que otros tienen de usted.

Tanto el entusiasmo como el pesimismo son contagiosos. ¿Cuánto de cada uno esparce usted? Nuestras actitudes les dicen a otros lo que esperamos que nos den. Una sonrisa al día mantiene el negativismo lejos de nosotros.

Es difícil mantenerse neutral o indiferente cuando se está delante de una persona que piensa en forma positiva.
—DENIS WAITLEY

Usted puede tener éxito en prácticamente todas las cosas por las cuales siente entusiasmo ilimitado. «En mi experiencia he visto que el mejor trabajo creativo nunca se hace cuando uno es desdichado», Albert Einstein.

El entusiasmo le da la perspectiva correcta en la vida. Helen Keller sugirió: «Mantenga su rostro hacia la luz del sol y no va a poder ver la sombra». La sonrisa es un arma poderosa y positiva para atacar la vida.

Todo éxito significativo se logra con entusiasmo. Por cada oportunidad que pierde por ser demasiado entusiasta, perderá cien por no serlo suficientemente. Va a ser raro que tenga éxito en alguna cosa a menos que disfrute haciéndola.

EL TEMOR ES LA FE AL REVERSO

*Los peores mentirosos del mundo son sus propios temores: La pre-
ocupación es el traidor en nuestro campamento que moja las
municiones y debilita nuestra puntería.*

—WILLIAM JORDEN

William Ward mostró la diferencia entre la fe y la preocupación:

*La preocupación es la fe en forma negativa, la confianza en lo
desagradable, la certidumbre del desastre y la creencia en la
derrota... La preocupación es un imán que atrae condiciones
negativas. La fe es una fuerza más poderosa que crea circunstancias positivas... La preocupación es desperdiciar el tiempo de hoy
para empañar las oportunidades de mañana con los problemas de
ayer.*

Lo que causa que la mayor parte de las batallas se pierdan es
el temor infundado en la fuerza del enemigo. A. Purnell Bailey
dice que la preocupación es como la niebla:

El Bureau of Standards en Washington nos dice que una densa niebla que cubre siete cuadras en la ciudad, de treinta metros de profundidad, está formada de un poco menos que un vaso de agua. Esa cantidad de agua se divide en unos sesenta millones de pequeñísimas gotas. ¡No mucha agua en cada una! Sin embargo, cuando esas minúsculas partículas se asientan sobre la ciudad o el campo, pueden ocultar prácticamente toda la visión. Una taza llena de preocupación hace lo mismo. Las pequeñísimas gotas de temor se ciernen alrededor de nuestros pensamientos y estamos sumergidos sin visión.

Dale Carnegie escribió: «A un anciano le preguntaron qué era lo que le había robado el gozo en la vida. Su respuesta fue: "Cosas que nunca sucedieron"». El temor quiere que usted huya de cosas que no lo están persiguiendo. Nunca es seguro mirar hacia el futuro con los ojos del temor.

¿Recuerda las cosas que lo preocuparon hace un año? ¿Cómo resultaron? ¿No desperdició mucha energía por la mayor parte de ellas? Después de todo, ¿no salieron bien la mayoría de ellas? Casi noventa y nueve por ciento de las cosas por las cuales nos preocupamos nunca suceden. El temor es un mal cincel para esculpir sus mañanas.

Yo sigo este famoso consejo: «De noche, yo le entrego todas mis preocupaciones y temores a Dios. De todos modos, Él va a estar levantado toda la noche». El apóstol Pedro lo dice de esta manera:

Echando toda vuestra ansiedad sobre él, porque él tiene cuidado de vosotros.

—1 Pedro 5.7

Nunca tome una decisión basándose en el temor. Nunca le dé a nadie «el beneficio de la duda», esta no tiene ningún beneficio. Uno de los descubrimientos más grandes que puede realizar es darse cuenta de que puede hacer lo que temía no poder hacer.

ARRIÉSGUESE, EL QUE NO SE AVENTURA
NO CRUZA EL MAR

MOISÉS Y EL PUEBLO ESTABAN EN el desierto pero, ¿qué iba a hacer él con ellos? Tenían que ser alimentados, y alimentarlos fue lo que hizo, de acuerdo al comisario ordenador del ejército. Se calcula que Moisés tendría que haber provisto 1,500 toneladas de comida cada día.

Traer esa cantidad de comida todos los días, dos trenes de carga, de un kilómetro y medio de largo cada uno, ¡era lo que se requeriría! Además, debe recordar que estaban en el desierto, así que necesitarían madera para cocinar. Esto requeriría 4.000 toneladas de madera y unos pocos más trenes de carga —cada uno de un kilómetro y medio de largo—, solo para un día.

Y recuerde: Estuvieron cuarenta años viajando. También tendrían que tener agua. Para solo tomar y lavar alguna vajilla, llevaría más de cuarenta y dos millones de litros de agua por día, y un tren de carga con tanques —de casi tres mil kilómetros de largo— sería necesario solo para traer el preciado líquido.

Pero también había otro problema. Cada vez que hacían campamento al final del día, se necesitaba un lugar del tamaño de dos terceras partes del estado de Rhode Island: 1.800 kilómetros cuadrados.

¿Cree usted que Moisés sacó todas estas cuentas antes de salir de Egipto?

No lo creo. Moisés confiaba en Dios. Dios hizo todo eso por él. ¿Cree usted que Dios tiene algún problema en hacerse cargo de sus necesidades?

Demasiada gente espera muy poco, pide muy poco, recibe muy poco y se contenta con muy poco. Tener un sueño no es tratar de creer en algo sin tener en cuenta la evidencia; soñar es atreverse a hacer algo sin importar las consecuencias. Creo sinceramente que cada uno de nosotros lograría más si no viéramos en forma automática a los logros como imposibilidades.

No espere que todas las luces sean verdes antes de salir de su casa.
—Jim Stovall

Nunca diga que las condiciones no son perfectas; esto siempre lo va a limitar. Si usted espera que las condiciones sean completamente buenas, nunca va a hacer nada. Wayne Gretzky es probablemente el mejor jugador de hockey de la historia. Cuando le preguntaron cuál era su secreto para continuar siendo el líder de la liga de hockey nacional, en cuanto a ser el que anotaba más puntos año tras año, dijo:

Yo patino hacia donde el disco va a estar, no hacia donde está.

Los que se atreven, son los que hacen las cosas, los que no se atreven, no las hacen. No haga nada que no requiera una visión. Isak Dinesen dijo: «Dios hizo redondo el mundo para que nunca pudiéramos ver demasiado lejos por el camino». Quiero repetirlo: La persona que no se atreve a hacer algo no necesita esperar nada.

Yo creo que la mejor manera de vivir la vida es fuera de la zona de comodidad. El futuro les pertenece a aquellos que piensan pensamientos originales, ven en lugares donde nadie mira y accionan antes que sea obvio.

Deje que su fe avance más que su mente. Vaya más lejos de lo que puede ver. Nunca se han obtenido logros significativos tomando pequeños riesgos sobre asuntos sin importancia.

> *Si usted está cazando conejos en una zona donde hay tigres, debe estar alerta y ver si aparecen los tigres, pero cuando está cazando tigres, puede pasar por alto a los conejos.*
> —HENRY STERN

No se distraiga con los conejos; mantenga la vista en los animales de caza grandes.

Usted se ha estancado cuando todo lo que ejercita es la cautela. A veces debe continuar avanzando a pesar del temor que le palpita en la cabeza que le dice: «Regresa».

> *Nuestro destino nos dice:*
> *«Ven hasta el borde».*
> *Nosotros decimos:*
> *«Es muy alto».*
> *«Ven hasta el borde».*
> *Decimos: «Me puedo caer».*
> *«Ven hasta el borde», nos dice el destino.*
> *Y dimos un paso adelante.*
> *Y nos empujó.*
> *Y volamos.*
> —PARÁFRASIS DE UN POEMA DE APOLINARIO

La pasión es muy poderosa

TODAS LAS PERSONAS TIENEN EL POTENCIAL de ser apasionadas. Todo el mundo ama algo. Somos formados y motivados por lo que amamos. Eso revela nuestra pasión. El entusiasmo es una elección, no un resultado.

Si usted pasa por alto las cosas que lo apasionan, obvia uno de los grandes potenciales que tiene dentro. Nada significativo se logró jamás sin pasión. Siga obedeciendo este principio del libro de Eclesiastés para tener éxito: «Todo lo que te viniere a la mano para hacer, hazlo según tus fuerzas» (9.10).

La mayoría de los ganadores son ex perdedores que se volvieron apasionados. La peor bancarrota del mundo es la persona que ha perdido su entusiasmo, su pasión. Cuando usted le agrega pasión a una creencia, se convierte en una convicción. La convicción logra más cosas que la creencia jamás soñó.

El punto inicial de todos los logros es el deseo. Tenga presente lo siguiente: Los deseos débiles traen resultados débiles, de la misma forma que una pequeña cantidad de fuego produce una cantidad pequeña de calor. Sea apasionado en cuanto a su vida.

Actúe basado en sus pasiones. Cuanta más energía le aplique a cualquier tarea, tanto más tendrá que aplicarle a la siguiente.

El deseo es como plantar una semilla. Hace que algo comience a crecer. El profundo deseo no solo crea sus propias oportunidades, sino también sus propios talentos. Las actitudes alteran las habilidades.

La pasión es lo que persuade.

Una pasión fuerte por cualquier objeto asegurará el éxito, porque el deseo de llegar al fin va a señalar las formas de llegar.
—WILLIAM HAZLITT

El problema con la mayoría de los hombres letrados es que el conocimiento se les va a la cabeza y no al corazón. El sendero por el cual viaja ¿captura su corazón? Usted ha sido enviado a este mundo para hacer algo en lo cual puede derramar todo su corazón.

Se le recordará en la vida solo por sus pasiones. Encuentre algo que lo consuma. Una creencia no es simplemente una idea que alguien posee; es una idea que posee a una persona. Aprenda a sentirse cómodo siendo entusiasta.

Cada vez que se habla del fervor y de la pasión, alguien trae a colación el *equilibrio*. Este en sí mismo es una gran virtud, pero sus vecinos más cercanos son la apatía y la debilidad. Si se supiera la verdad, «ser equilibrado» es por lo general una excusa para ser tibio, indiferente, neutral... tres características que siempre están asociadas con el fracaso.

El entusiasmo puede lograr en un día lo que le lleva siglos lograr a la razón. El libro de Proverbios dice:

Por sobre todo, guarda tus sentimientos, porque ellos influyen en la totalidad de tu vida (4.23, La Biblia al Día).

William James dijo: «Tal vez el descubrimiento más grande de este siglo es que si usted puede cambiar su actitud, puede cambiar su vida».

Haga todo con una sonrisa. Le va a agregar belleza a su rostro. Cuando su entusiasmo aumente, el estrés y el temor van a disminuir en su vida. La pasión es muy poderosa.

Cuando usted es impulsado por una convicción apasionada, puede hacer lo que quiera con su vida, excepto desistir de aquello que le importa. El pesimismo nunca gana. Mike Murdock dijo: «Lo que genera pasión y fervor en usted es una clave para revelar su destino. Lo que usted ama es una clave para algo que está dentro de sí».

La vida es una pasión, o no es nada.

Sin pasión, el hombre es una simple fuerza latente y una posibilidad, como el pedernal que espera el golpe del hierro antes de dar la chispa.
—HENRI FREDRERIC AMIEL

La pasión es la chispa para su mecha. De hecho, cuanto más grande sea el desafío o la oportunidad, tanto más entusiasmo se requiere. Siga este consejo para una vida de éxito:

Hay muchas cosas que pueden atraer mi vista, pero hay pocas que pueden atraer mi corazón... Son estas las que intento perseguir.
—TIM REDMOND

Como notara con sabiduría Terrence Deal: «Creer es ver. Es mucho más efectivo que la antigua noción que dice: Ver para creer». Si usted tiene el deseo correcto, la distancia no tiene importancia. Ame lo que hace y va a seguir haciendo cosas mejores y más importantes.

Hay mucho más en la vida que aumentar su velocidad

BEVERLY SILLS DICE: «No hay atajos que lleven a un lugar al que valga la pena ir». El camino que lleva a la cumbre no es ni rápido ni fácil. Nada que valga la pena va a ocurrir de prisa; así que sea paciente. Debido a la impaciencia, somos apartados demasiado pronto de lo que se supone que hagamos. No sea impaciente; recuerde, no se puede calentar las manos quemándose los dedos.

Su éxito tiene menos que ver con la velocidad y más con el tiempo correcto y la dirección. La clave es hacer lo correcto en el tiempo correcto. Tyron Edwards dijo: «Tenga un tiempo y un lugar para cada cosa, y haga cada cosa en su tiempo y su lugar, y no solo va a alcanzar más logros, sino que va a tener más tiempo libre que los que siempre se están apurando». El problema es que muchos ambiciosos nunca se detienen el tiempo suficiente para dejar que la oportunidad los alcance.

El que está apurado muestra que lo que quiere hacer es demasiado grande para él.

—Lord Chesterfield

Cuando usted no está en el tiempo correcto, va a sembrar apuro y segará frustración. ¿Qué beneficio le traerá correr si está en el camino equivocado?

Brendan Francis comentó: «Fracasar en una tarea tal vez sea el resultado de hacer algo en el tiempo incorrecto». Si el tiempo ha pasado, la preparación no logra nada. El problema con vivir la vida apurado, es que se llega al otro lado demasiado pronto. Soren Kierkegaard dijo: «La mayoría de las personas persiguen el placer con tanta precipitación que le pasan de lado velozmente». Quien más corre, menos avanza; dele tiempo a las cosas. Mucha gente sobrestima lo que puede hacer en un año y desestiman lo que pueden hacer en el trascurso de la vida.

No hay camino demasiado largo para el hombre que avanza en forma deliberada y sin prisa indebida; no hay honor demasiado distante para el hombre que se prepara para él con paciencia.

—Jean de la Bruyere

Muchas veces la acción que usted toma en el tiempo correcto no tiene relación inmediata con la respuesta, es para simplemente llevarlo al lugar correcto en el tiempo correcto.

Somos más felices cuando descubrimos que lo que estamos haciendo y lo que deberíamos estar haciendo son la misma cosa. Eclesiastés afirma: «Todo tiene su tiempo, y todo lo que se quiere debajo del cielo tiene su hora» (3.1). Usted nunca va a llegar a ser lo que debería hasta que no haga lo que debería estar haciendo.

Si está mirando hacia la dirección correcta, siga caminando.

El hombre cojo que se mantiene en el camino correcto deja atrás al corredor que toma el camino equivocado... Cuando más activo y rápido sea este último, tanto más lejos irá en la dirección equivocada.

—Francis Bacon

Tome la determinación de escoger el ritmo adecuado. Si va demasiado rápido, puede alcanzar la desgracia, y si va demasiado despacio, la desgracia lo puede alcanzar a usted. Cuando usted es paciente y persistente, no irá a los lugares incorrectos y va a llegar a donde se supone que esté.

LAS OPORTUNIDADES ESTÁN EN TODOS LOS LUGARES EN QUE ESTÁ USTED

ALGUNAS VECES, MIENTRAS CONDUZCO MI AUTOMÓVIL por diferentes partes de mi ciudad, me fijo en la gran variedad de negocios que hay. Muchas veces pienso: «Ese es el sueño de alguien; esa es la idea singular de una persona; esa es la oportunidad de un millón de dólares de alguien». Creo que hay oportunidades significativas e ideas a nuestro alrededor todos los días. De hecho:

> *Dios esconde algunas cosas poniéndolas cerca de nosotros.*
> —RALPH WALDO EMERSON

Las mejores ideas y oportunidades están ocultas cerca de usted, pero usted debe estar al acecho de ellas. Usted puede ver mil oportunidades a su alrededor todos los días... o tal vez no vea ninguna. Tal vez su mayor oportunidad esté en el lugar en que está ahora.

Demasiadas personas pasan toda la vida dedicadas a solo resolver problemas y no a reconocer oportunidades. El crecimiento significativo siempre llega cuando construimos sobre los talentos, dones y puntos fuertes, no resolviendo problemas. ¿Dónde escucha que la oportunidad está llamando? ¿Cómo puede responder a ese llamado? «Siempre hay oportunidades en todos lados, como siempre las ha habido» (Charles Fillmore).

Usted puede encontrar oportunidades a su disposición si presta atención a las cosas que están trabajando positivamente en su vida, y a las que le están dando problemas. Demasiadas veces la gente dedica la mayor parte de su tiempo, sus esfuerzos y su atención a empeños que no van a ser productivos. Despeje su mente de las cosas que están fuera de su control para poder enfocarse y actuar en las que puede controlar. Una de las tragedias más grandes de la vida es perder una oportunidad y no darse cuenta de ello.

> *En este mismo momento, usted está de pie en el medio de su «mina de diamantes».*
>
> —Earl Nightingale

En cualquier momento dado, usted tiene más posibilidades de las que puede realizar. Hay oportunidades de un millón de dólares a su alrededor todos los días. Yo estoy de acuerdo con lo que dijo *Pogo*:

> *Caballeros, estamos rodeados de oportunidades insuperables.*

«La persona de éxito siempre tiene una cantidad de proyectos planeados, los cuales anhela realizar. Cualquiera de ellos podría cambiar el curso de su vida de la noche a la mañana» (Mark Caine). ¿Las oportunidades? Están a nuestro alrededor. Hay oportunidades que yacen latentes por todos lados, esperando que el ojo avizor las descubra.

Earl Nightingale dijo: «Donde hay peligro, la oportunidad está al acecho; donde hay oportunidad, el peligro está al acecho. Los dos son inseparables. Ambos van juntos». Por ejemplo, las estrellas siempre brillan, pero por lo general no las vemos hasta

las horas de más oscuridad. Lo mismo es cierto con las oportunidades. Los problemas y las oportunidades, hay más de los que
podemos contar.

PERDÓNELOS, ESO ES PRECISAMENTE LO QUE SUS ENEMIGOS NO QUIEREN QUE HAGA

COMO DIJIMOS ANTES, EL PERDÓN es la clave para la paz personal; da lugar a la acción y crea libertad. Todos debemos decir lo correcto después de haber hecho lo incorrecto. Josiah Bailey afirma: «Es verdad que los que más perdonan van a ser los más perdonados».

Uno de los secretos de una vida larga y fructífera es perdonar a todo el mundo todas las noches antes de acostarse. Cuando usted está amargado, la amargura va a ocasionar que pierda el equilibrio. Si no alimenta un rencor, este va a morir. No necesita ir al doctor para que le diga que eliminar un rencor es mejor que alimentarlo. No hay ninguna otra cosa más pesada que pueda cargar sobre los hombros.

Es mucho mejor perdonar y olvidar que odiar y recordar. De nuevo, Josh Billings dice: «No hay venganza tan completa como el perdón». *El no perdonar bloquea las bendiciones, el perdón las deja fluir.* ¿Por qué algunas oraciones no son contestadas? D.L. Moody dice lo siguiente: «Creo firmemente que muchas oraciones no son contestadas porque no estamos dispuestos a perdonar a alguien».

¿Quiere usted dejar ir al pasado y reclamar el futuro? El perdón no borra el primero, pero mejora el segundo. Harry Emerson Fosdick dijo: «Nadie puede estar mal con los hombres y bien con Dios». Usted puede estar equivocado aun estando en lo cierto si no perdona.

El apóstol Pablo lo dice en Efesios:

> *Quítense de vosotros toda amargura, enojo, ira, gritería y maledicencia, y toda malicia. Antes sed benignos unos con otros, misericordiosos, perdonándoos unos a otros, como Dios también os perdonó a vosotros en Cristo* (4.31-32).

Formúlese esta pregunta: Si Dios está dispuesto a perdonar, entonces, ¿quién soy yo para no perdonar?

¿ESTÁ TRATANDO DE AVANZAR EN UN PUNTO MUERTO?

PERMÍTAME FORMULARLE UNA ANTIGUA PREGUNTA: «¿Está usted esperando en Dios, o Dios está esperando en usted?» Yo creo que la mayor parte del tiempo Dios nos está esperando a nosotros. ¿Es Dios su esperanza o su excusa? Estoy convencido de que Dios quiere que usted tome la iniciativa, que viva su vida a la ofensiva. William Menninger dijo:

> *La cantidad de satisfacción que obtiene de la vida depende mayormente de su propia ingeniosidad, autosuficiencia y la forma en que puede arreglárselas por su cuenta. Las personas que esperan que la vida les supla satisfacción, por lo general lo que encuentran es aburrimiento.*

Albert Hubert comentó: «[La gente] que quiere leche no debería sentarse en un banco en el medio del campo y esperar que una vaca venga hacia ellos». La puerta de la oportunidad no se abrirá a menos que usted la empuje. No se recueste y tome lo que le llega. Busque lo que quiere.

Estar a la defensiva nunca ha producido la victoria final. Yo creo que Dios ayuda a los valientes. Siga el consejo de Sara Teasdale:

Yo le saco el mejor provecho a lo que me llega, y el peor a lo que se va.

E.M. Bounds dijo:

No hay ni aliento [bíblico] ni lugar... para los deseos débiles, los esfuerzos apáticos, las actitudes perezosas; todo debe ser intenso, urgente, ardiente. Los deseos fogosos, apasionados, la insistencia que no ceja le encanta al cielo. Dios quisiera que sus hijos fueran incorregibles en su seriedad y persistentemente valientes en sus esfuerzos.

Cuando usted es valiente, sus enormes poderes vendrán en su ayuda.

Sea agresivo y persiga las oportunidades. Por lo general ellas no lo encuentran a usted, usted debe encontrarlas a ellas. La razón por la cual la gente no llega muy lejos en la vida es que esquivan la oportunidad y le dan la mano a la dilación. La dilación es la tumba en que está enterrada la oportunidad. No esté en el patio de atrás buscando tréboles de cuatro hojas cuando la oportunidad llama a la puerta del frente.

Para el que es tenaz siempre hay tiempo y oportunidad. Francis Bacon observó: «Un hombre sabio va a hacer más oportunidades de las que encuentra». ¿Está usted esperando oportunidades, o las oportunidades lo están esperando a usted? Tome la iniciativa y viva su vida a la ofensiva.

Es de más valor encontrar una situación que redistribuye la oportunidad que una que redistribuye el dinero. ¿Se ha dado cuenta alguna vez de que a la gente grande nunca le faltan oportunidades? Cuando se entrevista a gente de éxito, siempre mencionan sus grandes planes para el futuro. Cuando se les observa, la mayoría de la gente pensaría: «Si yo estuviera en el lugar de ellos, me echaría para atrás y no haría nada». *El éxito no debería hacer disminuir el deseo, si lo hace no va continuar siendo éxito.*

Helen Keller dijo: «Nunca agache la cabeza. Manténgala en alto. Mire al mundo directamente a los ojos». Si usted quiere éxito, debe aprovechar sus propias oportunidades a medida que avanza. Estoy de acuerdo con Jonathan Winters:

No pude esperar al éxito, así que avancé sin él.

Lilliam Hellman dijo: «Es mejor actuar con confianza, sin importar lo poco que sea el derecho que tiene a eso». El camino que lleva a las cumbres de la grandeza está siempre lleno de baches y es cuesta arriba.

George Adams dijo: «En esta vida solo conseguimos las cosas que buscamos, por las cuales nos esforzamos y por las cuales estamos dispuestos a sacrificarnos». No solo enfrente las oportunidades y los problemas; atáquelos. Considere la perspectiva de B.C. Forbes: «Los hombres mediocres esperan que las oportunidades les lleguen a ellos. Los hombres fuertes y alertas buscan la oportunidad».

Hay muchas más oportunidades que habilidad. La vida está llena de oportunidades de oro. Cada persona tiene una cantidad de cosas que él o ella puede realizar. Comience con lo que puede hacer; no se detenga por lo que no puede hacer. Las grandes oportunidades vendrán cuando usted aprovecha al máximo las pequeñas. Mucha gente parece pensar que oportunidad quiere decir conseguir dinero sin ganarlo. Los mejores regalos que nos dan son las oportunidades, no las cosas. ¡Aproveche todas las oportunidades!

Lo desafío a que viva por fe

NO HAGA NINGUNA COSA QUE NO requiera fe. La clave del impulso es tener siempre algo que se puede anticipar con fe, algo que se pueda esperar. Vivimos por fe o no vivimos en absoluto. O nos aventuramos o vegetamos. Se necesita: ¡Más gente que se especialice en lo imposible! El éxito de este año fue lo imposible del año pasado.

La fe no es tratar de creer algo sin tener en cuenta la evidencia. La fe es atreverse a hacer algo sin tener en cuenta la consecuencia.
—SHERWOOD EDDY

«No oren por vidas fáciles. Oren por ser personas fuertes. No oren por tareas iguales a sus capacidades. Oren por capacidades iguales a sus tareas» (Phillips Brooks). Jesús dijo: «Yo he venido para que tengan vida, y para que la tengan en abundancia» (Juan 10.10). Nunca tenga miedo de hacer lo que Dios le dice que haga. De nuevo, escuchemos el consejo de Les Brown: «Trate de alcanzar la luna; aunque no lo logre va a estar entre las estrellas».

Usted solo puede alcanzar logros en proporción directa a lo que intenta hacer. La razón por lo que se logra tan poco es por lo general porque se intenta hacer muy poco. Recuerde: Nunca diga nunca. Usted tiene que tener pensamientos grandes para ser grande. ¿Qué es «lo imposible»? Lo imposible es algo que nadie puede hacer hasta que alguien lo hace.

Usted no trata de usar los recursos de Dios hasta que intenta hacer lo imposible. El riesgo es parte del plan de Dios. «Con la ayuda de Cristo, que me da fortaleza y poder, puedo realizar cualquier cosa que Dios me pida realizar» (Filipenses 4.13, La Biblia al Día). Aun un cobarde puede alabar a Cristo, pero se requiere ser una persona de valor para seguirlo.

Para repasar: El progreso siempre involucra riesgo. No puede robar la segunda base cuando juega al béisbol si tiene el pie en la primera. El que no se arriesga no va a conseguir nada. A menos que entre a la colmena no va a poder sacar la miel. Un barco grande requiere aguas profundas. Cuando no se atreva a conseguir algo, no debería esperar nada. Dios quiere que tratemos de hacer más de lo que creemos poder hacer, que vivamos por fe y no por vista.

No es justo hacer comparaciones

N UNCA MIDA SU ÉXITO por lo que otros han o no han hecho. No es justo hacer comparaciones. La gente es una voz o es un eco, un termómetro o un termostato. Estoy de acuerdo con Pat Riley: «No deje que otros le digan lo que usted quiere». Jacqueline Briskin advierte: «No tome la definición de éxito de ninguna otra persona como propia».

Nadie puede cincelar un destino personal basado en la fe o la experiencia de otra persona. El dicho antiguo es verdad:

Usted debe realizar su propio crecimiento, sin importar lo alto que sea su abuelo.

Se va a dar cuenta de que la preocupación mayor de las personas de éxito rara vez es lo que otros piensan de ellas. Sin embargo, la gente se preocuparía menos sobre lo que otros piensan de ellos si solo se dieran cuenta de lo poco que lo hacen. Por lo general la gente no está pensando en usted sino preguntándose lo que usted piensa de ellos. Yo creo que muy pocas veces Dios usa a una persona cuya preocupación principal es lo que otros piensan. De hecho, juzgar y compararse con otros es un malgasto de energía muy grande. Esta manera de pensar obstaculiza el progreso y lo inhibe para continuar adelante.

Si cree que está haciendo las cosas mejor que la persona promedio, usted es una persona promedio. ¿Por qué querría compararse con alguien promedio? Demasiada gente parece saber la forma de vivir de otra persona y no la propia. Debemos dejar de compararnos con otras personas.

Cynthia Kersey dice: «Considere esta estrategia del éxito:

(1) *Consulte a la gerencia; si no les gusta la idea, proceda con ella. Si les gusta la idea, reconsidere.*

(2) *Contrate a investigadores de mercado. Si le dicen que la idea va a fracasar, asuma que tendrá éxito.*

(3) *Nunca pregunte cuánto va a costar su idea, y no se preocupe cuánto le va a producir.*

(4) *Cuando todos los que usted conoce —colegas, socios, amigos y familia— le dicen que la idea es descabellada, entonces marche hacia delante, porque de seguro que tiene una idea ganadora en sus manos».*

Aparentemente, esta era la estrategia de un muchacho que no completó la secundaria, un artista mediocre con casi nada de sentido para los negocios, que fundó el imperio de los entretenimientos más grande del mundo: Su nombre era Walt Disney.

Quiero decirle de nuevo: «Hay dos cosas que todo hombre debe hacer por sí mismo: Debe creer sus propias creencias y morir su propia muerte» (Martín Lutero). Cuando usted se compara con otros, se va a volver amargado o vano, porque siempre van a haber personas mejores o peores que usted. Hacer comparaciones es un camino seguro a la frustración, y la comparación nunca prueba nada.

¡Qué desperdicio de recursos es comparar su lugar y su plan con el de otras personas! Lo que sucede en las vidas de otros no tiene efecto o impacto en la suya. Hace poco me sorprendí cuando un amigo de quien no había oído en tres años se comunicó conmigo. Él me dijo que se sentía mal en cuanto a su vida debido al éxito que había sucedido en la mía. Me sentí perplejo con sus comentarios y le respondí preguntándole: «¿Quieres decir que te habrías sentido mucho mejor si a mí me hubiera ido muy mal en los últimos tres o cuatro años?» Por supuesto que él dijo que no. Eso solo señala los hechos mutuamente exclusivos: Lo que pase en la vida de otra persona no es la base para lo bien o lo mal que le vaya en la suya.

La vida es más divertida cuando usted no lleva el puntaje de otros. Cuando compara su lugar y su plan con el de otras personas, en realidad está insistiendo en manejar la vida de alguien. El éxito es simplemente un asunto de hacer lo que *usted* hace mejor y no preocuparse por lo que va a hacer otra persona. Usted lleva el éxito y el fracaso dentro de sí, no depende de condiciones externas.

Formúlese a sí mismo la pregunta que hizo Earl Nightingale: «¿Está motivado por lo que en realidad quiere de la vida o está motivado por las masas?» Asegúrese de que decide lo que en realidad quiere, y no lo que otra persona quiere para usted. ¿Dice usted: «Soy bueno, pero no tanto como debería serlo», o dice: «No soy tan malo como mucha otra gente»? Cuanto más piensa en las debilidades de otra persona, tanto más afecta su propia mente con desdicha. Usted debe crear su propio sistema y su propio plan, o será esclavo del plan de otro. No haga comparaciones, ¡su propósito es crear!

Si mil personas dicen algo necio, todavía es necio. La dirección de Dios nunca es un asunto del consenso de la opinión pública. El hombre sabio toma su propia decisión; el ignorante sigue a la mayoría de la gente. No crea que seguramente está en el buen camino porque es muy trillado. El mayor riesgo en la vida es esperar en y depender de otras personas para su propia seguridad y satisfacción.

«Solamente llegamos a ser lo que somos por el rechazo radical y profundo de lo que otros han hecho de nosotros» (Jean-Paul

Sartre). Toda persona que se poda a sí misma para agradar a todo el mundo, muy pronto encontrará que está hecha pedazos. Por lo tanto, no compare su lugar o su plan con el de otros. Compare su lugar y su plan con la voluntad de Dios y su Palabra para su vida.

El conocimiento no habla
en voz alta

H ABÍA UNA JOVEN QUE TENÍA QUE VIAJAR MUCHO en avión debido a su profesión. Esto la ponía muy, muy nerviosa, así que siempre llevaba su Biblia consigo, ya que leer la ayudaba a relajarse en los vuelos largos.

Una vez, estaba sentada al lado de un hombre de negocios. Cuando la vio que tomaba su Biblia, él se rió en silencio y con un gesto un poco burlón continuó haciendo lo que estaba haciendo.

Después de un rato se volvió hacia ella y le preguntó:

—Usted no cree en realidad todas las cosas que hay allí, ¿no es cierto?

La mujer le respondió:

—Por supuesto que lo creo. Es la Biblia.

Él le dijo:

—Bueno, ¿qué me dice del hombre que se lo tragó una ballena?

—Oh, Jonás. Sí, yo lo creo; está en la Biblia —le respondió.

Él le preguntó:

—Bueno, ¿cómo cree usted que sobrevivió todo ese tiempo dentro de la ballena?

La joven dijo:

—Bueno, en realidad no lo sé. Creo que cuando llegue al cielo le voy a preguntar a él.

—¿Y qué si no está en el cielo? —le preguntó el hombre con sarcasmo.

—Entonces usted le podrá preguntar —le dijo la mujer.

«Ten cerrada la boca y te librarás de problemas» (Proverbios 21.23, La Biblia al Día). ¡Qué consejo tan bueno! El hombre es conocido por el silencio que guarda. No pierda muchas oportunidades valiosas de callarse la boca y escuchar lo que dice otra persona. Cuando no tenga nada que decir, no diga nada. El silencio es un amigo que nunca lo traicionará.

Una de las mejores formas de persuadir a otras personas es escucharlas. Usted encontrará que un chismoso le habla de otros, un aburrido le habla sobre él mismo, y un conversador brillante le habla sobre usted mismo y escucha lo que usted dice. Usted no aprende nada mientras habla. La verdad es que cuanto más dice menos recuerda la gente. Cuando se trata de hablar, siempre es más bendecido recibir que dar.

La mayor habilidad que usted puede desarrollar es la de escuchar a otros. La segunda gran habilidad que puede desarrollar es conseguir que otros lo escuchen a usted.

Sabio es el hombre de pocas palabras y voluntad resuelta; por lo tanto, hasta al necio se le tiene por sabio cuando calla. Vale la pena que tenga la boca cerrada.
—Proverbios 17.27, 28 (La Biblia al Día)

Hablar es barato porque las existencias exceden la demanda. «A medida que va a través de la vida se le presentarán muchas oportunidades de tener la boca cerrada. Aprovéchelas todas» (*West Virginia Gazette*). Debe de haber alguna razón por la cual Dios hizo que nuestros oídos estuvieran abiertos y nuestra boca estuviera cerrada. *Cuando un hombre envejece y se hace más sabio, habla menos y dice más.*

Aprenda a escuchar, algunas veces la oportunidad se disfraza de esta forma y toca a la puerta con mucha suavidad. Usted va a encontrar que Dios va a hablar por el hombre que se queda callado. Cuando se habla mucho se incurre en errores. Hay solo una regla para ser un buen hablador: Aprenda a escuchar. Sea un buen oidor; sus oídos nunca lo van a meter en problemas. Uno de los principios más poderosos que puede implementar en su vida es el de escuchar a otros. Proverbios 10.19 dice: «No hables tanto, continuamente te pones en ridículo; deja la habladuría».

¿QUÉ FUERZA ES MÁS PODEROSA QUE EL AMOR?

—IGOR STRAVINSKY

E L AMOR ES EL INGREDIENTE más importante del éxito; sin él, su vida va a ser el eco de su vacío. Jesús dijo: «En esto conocerán todos que sois mis discípulos, si tuviereis amor los unos con los otros» (Juan 13.35). Hay una manera fácil de vivir una vida de amor. Aspire el Espíritu de Dios y va a exhalar Su amor.

Todos hemos nacido para amar. Odiar es fácil; amar es difícil. Las cosas buenas son difíciles de lograr, las cosas malas son fáciles de obtener. El amor va a encontrar un camino, todo lo demás va a encontrar una excusa. «¡Que el amor sea siempre para ustedes la más alta meta!» (1 Corintios 14.1, La Biblia al Día).

La amabilidad ha cubierto más pecadores que el fervor, la elocuencia o el aprendizaje. Ame a la gente más de lo que se merece. Nunca pierda la oportunidad de decirle algo amable a alguien. Henry Drummond dijo: «Cuando mire hacia atrás en su vida encontrará que los momentos en que en realidad vivió son cuando hizo cosas en un espíritu de amor». El amor abre puertas y quita las limitaciones:

La amabilidad constante puede lograr mucho. Al igual que la luz del sol hace que el hielo se derrita, la amabilidad causa que los malentendidos, la falta de confianza y la hostilidad se evaporen.
—ALBERT SCHWEITZER

Practique la amabilidad en forma constante.

Para ser amado, sea amoroso. Decida amar a alguien que no lo merece.

Y sobre todo, ámense unos a otros fervientemente, porque el amor disimula multitud de faltas.
—1 PEDRO 4.8, LA BIBLIA AL DÍA

«¿Cómo se ve el amor? Tiene manos para ayudar a otros. Tiene pies que se apresuran a ayudar a los pobres y necesitados. Tiene los ojos que ven la miseria y las necesidades. Tiene oídos para escuchar los suspiros y el dolor de los hombres. Y así es como se ve el amor» (Agustín). Por un momento, el amor puede transformar el mundo. Leo Buscaglia dijo: «El amor es vida... y si usted pierde el amor, pierde la vida».

Nosotros sabemos que hemos pasado de muerte a vida, en que amamos a los hermanos.
—1 JUAN 3.14

Haga todas las cosas con amor. El amor abre, el amor pide, el amor expande y el amor crea.

SEA COMO UNA SARTÉN DE TEFLÓN: NO DEJE QUE NADA SE LE PEGUE

Y O HE TENIDO EL PRIVILEGIO DE CONOCER a cientos de personas en los últimos años. Una de las cosas que siempre se destaca es ver cómo la gente tiene cosas que se les adhieren. Por ejemplo, una declaración crítica que les hizo su maestra de tercer grado, un fracaso o error que cometieron hace diez o quince años, o lo que un vecino bullicioso y negativo tal vez les dijo la semana pasada. No todo el mundo tiene derecho a hablar cosas que afectan su vida. Uno de los principios más poderosos que podemos aplicar para adquirir impulso es *no dejar que las cosas se nos peguen*. El hombre necio es el que escucha todo lo que oye.

Yo creo realmente que uno de los beneficios más grandes que hay en pedirle perdón a Dios es que las cosas ya no tienen poder sobre nosotros. Dios dice que si confesamos nuestros pecados, él es fiel y justo para perdonar nuestros pecados. En forma increíble, sin embargo, Dios no se detiene allí (y eso solo sería fantástico); Dios también promete limpiarnos de toda maldad. Cuando Él nos limpia de toda maldad, tenemos un lugar correcto delante del Padre. ¿Por qué? Porque Él no quiere que a nosotros se nos adhieran cosas. Cuando recibimos el lugar correcto delante del Padre, estamos libres de los fracasos y errores, de las palabras incorrectas y de las actitudes del pasado, y somos librados y estamos en libertad para lograr cosas en el futuro.

No se preocupe si no obtiene lo que cree que debería obtener. Lo que hoy parece tan necesario tal vez mañana no sea ni siquiera deseable.

> *En tiempos como estos, ayuda recordar que siempre ha habido «tiempos como estos».*
>
> —PAUL HARVEY

Si olvidáramos nuestros problemas con tanta rapidez como olvidamos nuestras bendiciones, ¡qué diferentes serían las cosas!

Una forma de estar libre de cargas no deseadas es sacar la mente de las cosas que parecen estar en su contra. Pensar en esos factores negativos los fortifica con un poder que en realidad no poseen. Si habla incesantemente de sus agravios lo único que hace es agregarle a ellos. Adhiérase al perdón de Dios, al plan y a la Palabra de Dios... a continuación observe cómo se despega de las situaciones dificultosas.

Cuando Dios es número uno, todo lo demás viene por añadidura

Hay una antigua y famosa historia acerca de un hombre que estaba durmiendo de noche en su cabina cuando de pronto su cuarto se llenó de luz, y Dios apareció. El Señor le dijo al hombre que tenía trabajo para que hiciera, y le mostró una roca grande frente a la cabaña. El Señor le explicó al hombre que debía empujar la roca con todas sus fuerzas. Así que el hombre lo hizo, día tras día.

Por muchos años, el hombre luchó desde la salida hasta la puesta del sol, con los hombros contra la fría y masiva superficie de la inamovible roca, empujando con todas sus fuerzas. Cada noche, el hombre regresaba a su cabaña adolorido y extenuado, sintiendo que su día había sido malgastado.

Puesto que el hombre estaba mostrando desaliento, el adversario (Satanás) decidió entrar en escena colocándole pensamientos en su cansada mente: «Tú has estado empujando contra esa roca y no se ha movido», dándole así la impresión de que la tarea era imposible y que el hombre era un fracasado. Estos pensamientos desanimaron y desalentaron al hombre. Satanás le dijo: «¿Por qué matarte por esto? Simplemente usa el tiempo esforzándote lo mínimo; eso será suficientemente bueno».

Eso es lo que planeaba hacer el cansado hombre, pero decidió hacer de esto un motivo de oración y llevar sus pensamientos agitados a Dios. «Señor», dijo el hombre: «he trabajado mucho y muy fuerte en tu servicio, poniendo todas mis fuerzas para hacer lo que me pediste. Sin embargo, después de todo este tiempo, no he podido mover esa roca ni siquiera medio milímetro. ¿Qué es lo que está mal? ¿Por qué estoy fracasando?»

El Señor le respondió con compasión: «Hijo, cuando te pedí que me sirvieras, tú aceptaste, y yo te dije que tu tarea era empujar contra esa roca con todas tus fuerzas, lo cual has hecho. Nunca te mencioné que yo esperaba que la movieras. Tu tarea era empujar.

Y ahora vienes a mí con tus fuerzas gastadas, pensando que me has fallado. ¿Pero es en realidad así? Mírate a ti mismo. Tus brazos son fuertes y tienen músculos, tu espalda es fuerte y está tostada por el sol; tus manos tienen callos por la constante presión, tus piernas ahora son duras y fuertes. A través de la oposición has crecido mucho, y tus habilidades ahora sobrepasan las que tenías antes. Es cierto que no has movido la roca. Pero tu llamado era ser obediente, empujar y ejercitar tu fe y confiar en mi sabiduría. Eso es lo que has hecho. Ahora, yo, hijo, voy a mover la roca».

Cuando Dios le da una palabra, no haga un párrafo de ella. Por lo general lo que nosotros le agregamos a lo que Dios dice es lo que nos mete en problemas o causa demoras. Sí, use la fe que mueve montañas, pero recuerde que en realidad es Dios quien las mueve.

La mayor parte de la gente cree *en* Dios, pero no muchos le creen a Dios. Uno de los estados más increíbles en que podemos vivir nuestra vida es en una posición constante de fe.

> *Dios nos hizo, Dios puede darnos el poder para hacer lo que sea que nos ha llamado a hacer. Negar que podamos llevar a cabo la obra de Dios no es humildad; es la peor clase de orgullo.*
> —WARREN WIERSBE

La persona que pone a Dios primero, va a encontrar que Dios está con ella hasta el final. «En todo lo que hagas, pon a Dios en primer lugar, y Él te guiará, y coronará de éxito tus esfuerzos» (Proverbios 3.6, La Biblia al Día). A menos que incluya creer en Dios, no es digno de llamarse la dirección de Dios; toda dirección divina que recibamos de Dios va a incluir que creamos en Él.

Dios nunca hizo una promesa que fuera demasiado buena para ser cierta.

—D. L. MOODY

Una de las cosas más grandes en cuanto a creer en Dios se encuentra en Lucas 18.27: «Lo que es imposible para los hombres, es posible para Dios». Cuando usted se une a Dios en Su plan, las cosas que eran imposibles se hacen posibles. Lo que el hombre superior busca se encuentra en Dios. Lo que el hombre inferior busca se encuentra en sí mismo o en otros. Usted no ha usado los recursos de Dios a menos que haya intentado lo imposible.

Tal vez confíe en Dios muy poco, pero nunca puede confiar en Él demasiado. Con la fuerza de Dios que lo respalda, con Su amor dentro de usted, y con sus brazos que lo rodean, usted es más que suficiente para enfrentar los días por delante.

Yo confío en que Dios está de nuestro lado. Pero es más importante saber que nosotros estamos del lado de Dios.

—ABRAHAM LINCOLN

La verdad es que los que no confían en los milagros no son realistas. Mire a su alrededor, no hay nada más real que los milagros. Cuando usted deja a Dios afuera, se va a encontrar que no tiene medios invisibles de apoyo. Nada grande se ha logrado jamás excepto por aquellos que se han atrevido a creer que Dios dentro de ellos era superior a la circunstancia.

Decir «imposible» lo coloca siempre del lado de los perdedores. Si usted tiene grandes sueños, cree en cosas grandes, y ora oraciones grandes, grandes cosas van a suceder. La mayor parte de las cosas que valió la pena hacerlas a través de la historia habían sido declaradas imposibles antes de que fueran hechas. Lo que es «imposible» es nuestra prioridad más alta.

Deténgase todos los días y mire el tamaño de Dios. La forma en que cada día le parece a usted comienza con quién o qué es lo que usted mira. Mire a Dios. Crea en Dios. Cuando usted cree en Dios, va a ver una oportunidad en cada problema, no problemas en medio de cada oportunidad. Proverbios 16.3 dice:

Encomienda a Jehová tus obras, y tus pensamientos serán afirmados.

Josué 1.9 dice:

Mira que te mando que te esfuerces y seas valiente; no temas ni desmayes, porque Jehová tu Dios estará contigo en dondequiera que vayas.

He observado y la experiencia me ha confirmado que nada humanístico funciona muy bien. Todas las cosas grandes tienen a Dios en el centro de ellas. Atrévase a ir con Dios más allá de lo que puede ver. Si algo es beneficioso para usted, Dios lo pondrá a su alcance:

[Dios] ... *no quitará el bien a los que andan en integridad.*
—Salmo 84.11

Nunca emprenda ninguna tarea para la cual no tenga la convicción de pedir la bendición del cielo. El hombre chico se apoya en otros hombres. El hombre grande se apoya en Dios.

ALGUNAS VECES, CUANTO MÁS HACE, TANTO MENOS LOGRA

UNA DE LAS ESTRATEGIAS PRINCIPALES del diablo para obstaculizar nuestro impulso es usar las distracciones para que no nos enfoquemos en el plan que Dios tiene para nosotros. Lo que deberíamos hacer es determinar lo que en realidad queremos y lo que Dios quiere para nosotros. Esto le evitará estar persiguiendo mariposas, y lo pondrá a trabajar con diligencia cavando para encontrar diamantes.

Concéntrese en una cosa a la vez y descarte todas las influencias exteriores que no tienen verdadera importancia en la tarea por delante. Al hacer esto, usará toda la mente y las facultades para dedicarse, sin distracciones, al problema o asunto que necesita su atención.

> *Las personas siempre les echan la culpa a las circunstancias por lo que ellas son. Yo no creo en las circunstancias. Las personas que progresan en este mundo son las que se levantan y buscan las circunstancias que quieren, y si no las pueden encontrar, las hacen.*
> —GEORGE BERNARD SHAW

Si se concentra, el resto del mundo no lo puede distraer. «Mira rectamente. No vuelvas la cabeza. Cuídate. Mantente en la senda y estarás a salvo» (Proverbios 4.25, 26).

Présteles más atención a las cosas que están trabajando positivamente en su vida que a las que le están dando problemas. Demasiadas veces la gente dedica la mayor parte de sus recursos a cosas que nunca van a ser productivas en sus vidas. Quite de su mente las cosas que están fuera de su control para poder enfocarse en las metas para el día, y actuar respecto a ellas.

> *Si una persona pudiera tener la mitad de sus deseos; duplicaría sus problemas.*
>
> —BENJAMIN FRANKLIN

Siempre se va a perder cuando trate de encontrar una ruta alterna al camino derecho y angosto. «Tú guardarás en completa paz a aquel cuyo pensamiento en ti persevera; porque en ti ha confiado» (Isaías 26.3).

> *La tragedia más grande de la vida es perder a Dios y no darse cuenta.*
>
> —F.W. NORWOOD

Haga una vez lo que otros dicen que no puede hacer y nunca prestará atención a las limitaciones de ellos. Recuerde, lo que dice la gente va a ser una de las distracciones principales que van a tratar de ponerle obstáculos. Cuando usted permite que el miedo y las dudas que otros traen a su vida lo distraigan y lo desanimen, va a prestar oídos listos a las malas noticias, sus ojos van a estar muy abiertos a los problemas que están por delante y será un gran inventor de cosas que nunca sucederán. Jesús dijo: «Ninguno que poniendo su mano en el arado mira hacia atrás, es apto para el reino de Dios» (Lucas 9.62). Mantenga los ojos fijos en la verdad, no permita que lo urgente lo aleje de lo importante.

USTED PUEDE ALCANZAR EL ÉXITO MEJOR Y CON MÁS RAPIDEZ SI AYUDA A OTROS A TENERLO

HACE ALGUNOS AÑOS, en las Olimpiadas Especiales en la ciudad de Seattle, nueve concursantes, todos física o mentalmente discapacitados, se colocaron en la línea de partida para la carrera de cien metros planos. Cuando sonó el tiro de partida, todos corrieron —no a altas velocidades—, pero con el anhelo de terminar y ganar la carrera.

Es decir, todos, con la excepción de un niño, que tropezó en el asfalto, se dio un par de tumbos y comenzó a llorar. Los otros ocho corredores lo oyeron. Aminoraron la marcha y se detuvieron. Entonces todos se dieron vuelta y regresaron. *Todos ellos*. Una niña, con mongolismo, se agachó y le dio un beso al niño: «Esto te va a ayudar a sentirte mejor». A continuación, los nueve se tomaron del brazo y continuaron juntos hasta la línea de llegada.

Todos en el estadio se pusieron de pie y los vítores duraron diez minutos.

La vida puede ser tremendamente cruel y solitaria si trata de hacer todas las cosas por sí mismo.

La vida se parece mucho al tenis: Los que no sirven bien acaban perdiendo. Lo digo otra vez: Nos ganamos la vida con el dinero que hacemos; pero nuestra vida se hace con lo que damos. Medite en estas palabras de Peter Marshall: «La vida no se mide por su duración, sino por su donación. Todos podemos ser grandes porque todos podemos servir». Cuando usted está sirviendo a otros, su vida tiene significado.

«Nunca dejes de ser veraz y bondadoso. Aférrate a estas virtudes. Escríbelas en lo profundo de tu corazón» (Proverbios 3.3, La Biblia al Día). Tom Haggai dice: «Una vida egoísta es una vida totalmente vacía, pero una vida vacía deja lugar para Dios». Recuerde: Si está satisfecho con su vida, construya una estación de servicio en ella. Una buena manera de olvidarse de sus problemas es ayudar a otros a que salgan de los de ellos.

Y, como hemos visto, servir a otros no es totalmente altruista, porque el que da nunca deja de recibir: «Cuanto te muestras benigno, tu alma se vigoriza; tu crueldad, en cambio, la mata» (Proverbios 11.17, La Biblia al Día). El egoísmo es un fuego que consume a otros y luego se consume a sí mismo. Puesto que nueve décimas de nuestra desdicha es el egoísmo, piense en lo que otra persona quiere. Es verdad que usted puede alcanzar el éxito mejor y con más rapidez si ayuda a otros a tener éxito.

El verdadero siervo ayuda a otras personas a tener motivación al guiarlas a sus dones, llamados, talentos y puntos fuertes. El verdadero propósito de un líder es ayudar a otros a ir desde donde están al lugar donde nunca han estado. Aumentamos lo que alabamos, y la necesidad más profunda de la naturaleza humana es la necesidad de ser apreciado y amado.

> *Pocas cosas en la vida son más poderosas que un empujón positivo. Una sonrisa. Una palabra de optimismo y esperanza. Un «Tú lo puedes lograr» cuando las cosas son difíciles.*
>
> —Richard De Vos

Busque maneras de ayudar a otras personas alabándolas. Desde ahora en adelante, cualquier definición de una vida de éxito debe incluir servir a los demás.

Colóquese en la posición de recibir, no de resistir

U N BILLETE DE UN DÓLAR SE encontró con otro de veinte dólares y le dijo: «¿Cómo has estado? Hace mucho que no te veo por estos lados».

El billete de veinte le respondió: «He estado en los casinos, viajé en un crucero y circulé por todo el barco, regresé a los Estados Unidos por un tiempo, fui a un par de partidos de baloncesto, al centro comercial, esa clase de cosas. ¿Y qué me dices de ti?»

El billete de un dólar le dijo: «Tú sabes, siempre lo mismo: la iglesia, la iglesia, la iglesia».

La forma en que se coloca para recibir hace toda la diferencia. Por ejemplo, mientras lee este libro si se coloca para recibir diciéndole al Señor: *Voy a actuar en lo que me muestres,* se va a beneficiar más que si lo lee para ser motivado e inspirado. La acción no parte de los pensamientos sino de estar dispuestos a aceptar la responsabilidad. Colóquese en una posición de estar listo para la responsabilidad.

Conozco a muchas personas que eran excelentes depósitos de aprendizaje y, sin embargo, nunca tuvieron una idea nueva.

Los ojos que miran son comunes. Los ojos que ven son raros.
—J. OSWALD SANDERS

El problema es que estamos inundados de información y muertos de hambre por la revelación.

Resistir o recibir es una elección que hacemos todos los días, algunas veces en muchas ocasiones por día. Nada muere más rápido que una idea nueva en una mente cerrada. Es imposible que un hombre aprenda algo que cree que ya sabe. Yo creo que una de las razones por la cual Jesús les habló en forma tan fuerte a los fariseos es porque ellos rehusaron colocarse en la posición de recibir.

El estar dispuesto es la habilidad más importante que usted tiene. El diablo tiembla cuando escucha al siervo más débil de Dios decir: «Sí, Señor». Cuando usted está de frente hacia Dios, su espalda da al diablo. Nunca le dé el control de su vida a nada que no sea la fe.

Nuestro caminar con Dios comienza con la palabra *sígueme* y termina con la palabra *vé*. El diablo mueve la cabeza cuando nos escucha decir: *Voy a hacer lo que tú me dices, Señor.*

Arrodillarse es la postura correcta para plantar semillas en la tierra.
—BROOKS ATKINSON

Un creyente de rodillas ve más del mundo que si se para en punta de pie.

El problema principal es que no dejamos que Dios nos ayude. Nunca llegue a la posición en que no pueda prestar atención.

Por la forma en que nos colocamos a nosotros mismos, podemos ver la evidencia de que Dios está en todos lados, o que no está en ninguno. ¿Le parece que Dios está lejos? ¡Adivine quién se movió! «Te he hablado en tus prosperidades, mas dijiste: No oiré» (Jeremías 22.21). Va a ser muy bueno para el alma humana cuando deje de adorar al revés.

«Muchos Premios Nobel no se han logrado porque alguien no esperó lo inesperable», dijo Dietrich Bonhoeffer. Una mente que se coloca en una posición errada es como un microscopio, que agranda las cosas minúsculas, pero no puede percibir las grandes. Cada situación, si se mira en forma apropiada, es una oportunidad.

Nunca va a ver la salida del sol si mira hacia el oeste. Las oportunidades pueden caerle sobre las rodillas, si tiene las rodillas donde caen las oportunidades. Cuando usted no se coloca en la posición de recibir, es como pedir que le den un barril de cosas cuando tiene una taza para recibirlas. No ore para que llueva si se va a quejar del barro.

Por lo general no vemos las cosas como son, sino como somos nosotros. Con demasiada frecuencia nuestra mente está embotada en una sola cosa. Como estamos buscando lo rojo, pasamos por alto lo azul; estamos pensando en mañana, y Dios dice *ahora;* estamos buscando por todos lados, y la respuesta está frente a nosotros.

Cuando una persona está en la posición correcta, está lista para recibir todo lo que Dios tiene para ella.

Dios se regocija en usted

U N DOMINGO DE MAÑANA, LA CONGREGACIÓN de una
iglesia lujosa (con techos de bóveda, bancas de roble
hechas a mano, ventanas de colores y alfombra muy mullida),
tuvo un gran revuelo. Unos pocos minutos antes de comenzar el
servicio entró un hombre. Estaba muy mal vestido, con ropa de
trabajo sucia, usaba botas y una camisa de franela, y sombrero de
vaquero.

La congregación estaba horrorizada, y se escuchaban murmu-
llos de preocupación. Al final del servicio, el ministro saludó al
hombre que estaba tan mal vestido y le preguntó si le había gustado el culto. El hombre le dijo que le había gustado mucho. El ministro entonces le pidió al hombre que considerara vestirse de forma
diferente, y le dijo que le orara a Jesús preguntándole cómo querría
Él que se vistiera si regresaba a la iglesia el siguiente domingo.

El hombre regresó el siguiente domingo. Estaba vestido igual
y otra vez la congregación se sintió disturbada. Al final del culto, el
ministro saludó al hombre y le preguntó qué le había dicho Jesús
en cuanto a la «ropa de asistir a la iglesia». El hombre le respondió:

«Le pregunté a Jesús acerca de esto, y me dijo que no sabía cómo me debería vestir para asistir a esta iglesia, porque Él nunca ha estado aquí».

No se trata de la forma en que usted viste su cuerpo, sino la manera en que viste su corazón.

Usted no es insignificante. Nunca mire su vida como si Jesús no hubiera hecho nada por usted. Haga lo mejor que pueda, porque eso es todo lo que Dios hizo de usted. El primero y peor de todos los fraudes es la traición a sí mismo. Si en forma deliberada planea ser menos de lo que es capaz de ser, va a traer desdicha al resto de su vida.

Demasiadas personas no comienzan a hacer lo que Dios quiere que hagan porque están esperando poder cantar como Sandi Patti, predicar como Billy Graham o escribir como Chuck Swindoll antes de comenzar. Dios sabía lo que estaba haciendo cuando lo formó a usted. Use los talentos que tiene. Los bosques estarían muy silenciosos si las únicas aves que cantaran fueran las que cantan mejor.

Usted fue creado para alcanzar logros. Se le han dado las semillas para la grandeza. ¿Qué es la grandeza? ¿Qué es el logro? *Hacer lo que Dios quiere que haga y estar donde Él quiere que usted esté.*

Los cristianos son nuevas creaciones, no pecadores reconstruidos. Nunca se olvide de que Dios lo llama amigo (vea Juan 15.15). ¡Qué declaración tan increíble! Dios también dice que usted ha sido «maravillosamente hecho» (vea el Salmo 139.14).

Está comenzado a ver que Dios lo ha hecho especial con un propósito. Él tiene una tarea para usted que ninguna otra persona puede hacer tan bien como usted mismo. De los billones de candidatos, solo uno está calificado, solo uno tiene la combinación exacta de lo que se necesita. Dios le ha dado a cada persona la medida de la fe para hacer lo que Él la ha llamado a hacer. Cada persona tiene los dones.

Una persona nunca es lo que debería ser hasta que esté haciendo lo que debe estar haciendo. Dios nos hace responsables no por lo que tenemos sino por lo que podríamos tener, no por lo que somos, sino por lo que podríamos ser. Somos responsables ante Dios por llegar a ser lo que Dios ha hecho posible que lleguemos a ser.

Su vida hace una diferencia. No hay gente sin importancia. A pesar de que todos somos diferentes, ninguna combinación es insignificante. En el día del juicio, Dios no me va a preguntar a mí por qué no fui el rey David o George Bush sino por qué no fui John Mason. Jerry Van Dyke lo dijo muy bien:

El mejor rosal no es el que tiene menos espinas, sino el que da las mejores rosas.

A TODA PERSONA DE ÉXITO LA ESTÁ
AYUDANDO ALGUIEN

CHARLES PLUM, UN JOVEN graduado de la Academia Naval de los Estados Unidos, fue piloto en la guerra del Vietnam. Después de setenta y cinco misiones de combate, su avión fue destrozado por un misil tirado desde la tierra. Charles pudo eyectar su asiento, cayó en paracaídas en las manos de sus enemigos, y fue capturado pasando seis años en una prisión comunista. Sobrevivió los sufrimientos y ahora da conferencias sobre las lecciones que aprendió de esa experiencia.

Un día, cuando él y su esposa estaban en un restaurante, un hombre de otra mesa se acercó a ellos y le dijo:

—Usted es Plum. Usted voló aviones en la guerra del Vietnam del barco portaviones *Kitty Hawk*. Y le derribaron su avión.

—¿Cómo es posible que sepa todo eso? —le preguntó Charles.

—Yo fui el que dobló su paracaídas —le respondió el hombre.

Charles se quedó boquiabierto por la sorpresa y la gratitud. El hombre lo tomó de la mano y le dijo:

—Creo que funcionó bien.

Charles le aseguró:

—Sí, funcionó bien. Si su paracaídas no hubiera funcionado bien, yo no estaría hoy aquí.

Charles no pudo dormir esa noche, pensando en el hombre. Se preguntaba cómo se hubiera visto ese hombre con el uniforme naval. Se preguntaba cuántas veces lo habría visto y ni siquiera le habría dicho «Buenos días», o «¿Cómo estás», o alguna otra cosa, porque, ¿ve usted?, él había sido piloto de guerra y el otro hombre era solamente un marinero. Charles pensó en todas las horas que ese hombre habría pasado en los cuartos más bajos del barco, doblando con cuidado la seda de cada paracaídas, teniendo en sus manos el destino de alguien que no conocía.

Ahora Charles le pregunta a su audiencia: «¿Quién le está doblando su paracaídas?» Todos tenemos a alguien que nos provee lo que necesitamos para pasar el día.

Nadie puede lograr nada solo. Tenga un corazón agradecido y esté listo para reconocer a los que lo ayudan. La cerca que mantiene a otros afuera, lo mantiene a usted adentro. No existe un «hombre que se haya hecho a sí mismo»; todos estamos hechos de miles de otros. El hombre que solamente trabaja solo y para sí mismo es muy probable que sea corrompido por «la compañía que tiene a su alrededor». George Adams dijo: «Cada persona que alguna vez nos ha hecho un bien, o nos ha dicho una palabra de aliento, ha entrado dentro de la formación de nuestro carácter y de nuestros pensamientos, así como en nuestro éxito».

No solo uso el cerebro que tengo, sino también todo el que puedo pedir prestado.

—Woodrow Wilson

Hágase indispensable para alguien.

Si usted culpa a otros por sus fracasos, ¿les da crédito a otros por sus éxitos? Detrás de una persona capacitada, siempre hay otras personas capacitadas. Trabaje con otros. Recuerde lo que le pasa a la banana: Cada vez que se aparta del grupo, alguien la pela y se la come. Usted nunca va a experimentar éxito duradero sin

relaciones sólidas. Nadie solo puede igualarse al esfuerzo coope-
rativo del equipo correcto.

> *La visión en túnel le dice que nadie trabaja tan arduamente como*
> *usted. La visión en túnel es la enemiga del trabajo en equipo. Es la*
> *puerta a través de la cual entran la división y el conflicto.*
> —TIM REDMOND

Pocas cargas son pesadas cuando todos levantan. Aun las
pecas lucirían bonitas si se juntaran, porque parecería que la piel
está tostada.

El hombre que no cree en nada sino en sí mismo vive en un
mundo muy pequeño. La persona que canta sus propias alaban-
zas tal vez cante en el tono correcto, pero las palabras son equivo-
cadas. Cuanto más alto llegue en la vida, tanto más dependerá de
otras personas. La persona presumida nunca llega a ningún lado
porque cree que ya está allí. Todos los hombres grandes siempre
están siendo ayudados por los demás.

LA FE ES COMO UN CEPILLO DE DIENTES:
ÚSELO TODOS LOS DÍAS, PERO NO
USE EL DE OTRA PERSONA

VAYA DE DEPENDER DE OTRAS PERSONAS a depender de Dios. Él es la fuente de nuestra dirección. Demasiadas personas basan lo que creen, hacen y dicen en lo que otros creen, hacen y dicen; la revelación solo es revelación cuando es su revelación. Se conoce mejor a Dios por medio de la revelación, no la explicación. Eso es lo que quiso decir Jesús en Mateo 16.16, 17 cuando afirmó, en respuesta al comentario de Pedro: «Tú eres el Cristo, el Hijo del Dios viviente... [Esto] no te lo reveló carne ni sangre, sino mi Padre que está en los cielos».

Nuestra fe solo trabaja cuando creemos y colocamos una demanda en ella. Si la fe de otra persona no puede hacerlo llegar al cielo, tampoco puede llevarlo a su destino en la tierra. El diablo no nos puede dar nada sin quitarnos alguna otra cosa, pero Dios no nos puede dar algo sin bendecir todo lo demás.

Hay dos clases de personas insensatas: Una dice: «Esto es viejo, por lo tanto es bueno». La otra dice: «Esto es nuevo, por lo tanto es mejor». No intente hacer algo a menos que esté seguro de eso usted mismo; sin embargo, no lo abandone porque alguien no está seguro de usted.

Dios usa a otros para hablarnos. Los ministros, los libros, los casetes, la música, la televisión, todas son formas que Dios puede usar para alcanzarnos y enseñarnos. Pero no crea algo porque el hermano Fulano de Tal lo cree. Créalo porque Dios se lo ha mostrado y lo ha confirmado en su Palabra. No se puede llegar a las convicciones más importantes de la vida basado en la palabra de otra persona. El hecho es:

> *La Biblia es tan simple que se necesita a otra persona para que lo ayude a interpretarla mal.*
>
> —CHARLES CAPPS

Dios quiere tener una relación personal con usted. Las personas que no oran y no descubren la verdad por sí mismas están declarando en realidad que no necesitan a Dios. Judas escuchó todos los sermones de Cristo, pero es obvio que no permitió que se convirtieran en revelaciones personales. John Wesley lo dijo muy bien:

> *Cuando era joven, estaba seguro de todo; dentro de algunos años, habiendo estado equivocado miles de veces, no estaba seguro ni de la mitad de las cosas que antes; actualmente, casi no estoy seguro de nada excepto de lo que Dios me ha revelado a mí.*

Usted siempre va a estar más convencido de lo que ha descubierto que de lo que otros han encontrado.

AL FINAL DE LA VIDA, NADIE DICE QUE QUISIERA HABER PASADO MÁS TIEMPO EN LA OFICINA

UN BANQUERO INVERSIONISTA NORTEAMERICANO estaba en el muelle de una pequeña villa en la costa de México cuando un pequeño bote con un solo pescador atracó allí. Dentro del bote había varios atunes de aletas amarillas. El banquero felicitó al pescador por la calidad de los pescados y le preguntó cuánto tiempo le había llevado pescarlos.

El pescador respondió:

—Oh, solo un ratito.

A continuación el banquero le preguntó:

—¿Por qué no se quedó más tiempo para pescar más atunes?

El pescador dijo:

—Con esto tengo más que suficiente para cubrir las necesidades de mi familia.

El banquero le preguntó:

—¿Pero qué es lo que hace con el resto del tiempo?

El pescador le contestó:

—Duermo hasta tarde, pesco un poco, juego con mis hijos, duermo la siesta con mi esposa, María, camino por la aldea todas las tardes donde tomo un poco de vino y toco la guitarra con mis amigos... Tengo una vida muy ocupada y muy satisfactoria.

El banquero hizo una mueca.

—Soy graduado de la Universidad de Harvard, tengo un grado en administración de negocios y lo podría ayudar. Usted debería pasar más tiempo pescando, y con las ganancias comprarse un bote más grande. Con lo que ganara con el bote más grande, podría comprar varios botes. Finalmente, tendría una flota de botes pesqueros. En lugar de venderle lo que pesca a un intermediario, lo podría vender directamente al procesador, finalmente podría abrir su propia fábrica de enlatar. Podría controlar el producto, el proceso y la distribución. Se iría de esta pequeña aldea y se mudaría a la ciudad de México, luego a Los Ángeles y finalmente a Nueva York, desde donde podría dirigir su empresa en crecimiento.

El pescador le preguntó:

—¿Cuánto tiempo va a tomar todo eso?

El banquero le respondió:

—Entre quince y veinte años.

—¿Y entonces qué? —le preguntó el pescador.

El banquero se rió.

—Ahora viene la mejor parte. Cuando llegue el tiempo preciso, usted anunciaría una oferta inicial de venta al público, vendería todas sus acciones, sería muy rico; tendría millones de dólares.

—¿Millones?... ¿Entonces qué?

—Entonces se jubilaría. Se mudaría a una pequeña aldea costera pescadora, allí podría dormir hasta tarde, pescar un poco, jugar con sus hijos, dormir la siesta con su esposa, caminar por la aldea de tarde, donde podría tomar un poco de vino y tocar la guitarra con sus amigos.

Autor desconocido.

Jesús nunca le enseñó a la gente cómo ganarse la vida, les enseñó a vivir. Dios no nos llama a que seamos exitosos. Nos llama a que seamos fieles.

—ALBERT HUBBARD

La mayoría de la gente pone el ojo en la meta equivocada. ¿Es su meta tener más dinero, una posición más alta o tener más influencia? Estas no son metas; son productos derivados de las metas verdaderas.

¿Cuál es su meta verdadera?

Nunca se apartará de tu boca este libro de la ley, sino que de día y de noche meditarás en él, para que guardes y hagas conforme a todo lo que en él está escrito; porque entonces harás prosperar tu camino, y todo te saldrá bien (Josué 1.8).

No busque el éxito, busque la verdad y encontrará a los dos. Deberíamos trabajar para ser, no para adquirir. Mida la riqueza no por las cosas que tiene sino por las cosas que tiene que no cambiaría por dinero.

La felicidad no es una recompensa, es una consecuencia. El sufrimiento no es un castigo, es un resultado.
—ROBERT GREEN INGERSOLL

El éxito no radica en lograr lo que está tratando de alcanzar, sino en tratar de alcanzar lo que debería lograr. Considere el camino como más valioso que el premio. Haga lo mejor que pueda, y déjele los resultados a Dios.

JOHN MASON es fundador y presidente de *Insight International* y autor de diez libros incluyendo *Un enemigo llamado promedio,* es ministro y orador inspiracional. John, su esposa y sus cuatro hijos viven en Tulsa, Oklahoma.

Usted puede comunicarse con él con sus peticiones de oración o si tiene preguntas a la siguiente dirección:

John Mason
Insight International
P.O. Box 54996
Tulsa, OK 74155

www.freshword.com
johnmason@freshword.com

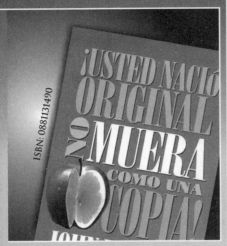
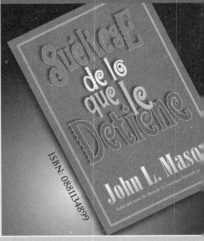
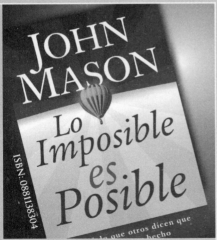
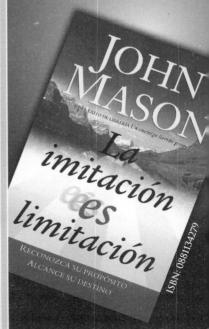